走进曲阜周公庙

曲阜市文物局　编

国家图书馆出版社

图书在版编目（CIP）数据

走进曲阜周公庙 / 曲阜市文物局 编 .
-- 北京：国家图书馆出版社，2018.10
ISBN 978-7-5013-6197-7

Ⅰ.①走… Ⅱ.①曲… Ⅲ.①周公－寺庙－介绍－曲阜
Ⅳ.① K928.75

中国版本图书馆 CIP 数据核字 (2017) 第 195626 号

书　　名	走进曲阜周公庙	
著　　者	曲阜市文物局　编	
责任编辑	陈莹莹	
装帧设计	徐新状	

出　　版　国家图书馆出版社（100034 北京市西城区文津街 7 号）
　　　　　　（原书目文献出版社　北京图书馆出版社）
发　　行　(010)66114536 66126153 66151313 66175620
　　　　　　66121706（传真）　66126156（门市部）
E－mail　nlcpress@nlc.cn（邮购）
Website　www.nlcpress.com → 投稿中心
经　　销　新华书店
印　　装　北京金康利印刷有限公司
版　　次　2018 年 10 月第 1 版　2018 年 10 月第 1 次印刷

开　　本　710×1000（毫米）　1/16
印　　张　10
字　　数　126 千字

书　　号　ISBN 978-7-5013-6197-7
定　　价　58.00 元

《走进曲阜周公庙》编撰人员

主　编：孔德平

副主编：张　龙　杨淑娟

撰稿人：孙　芳　刘　玥　屈海棠　上官茂峰

摄　影：上官茂峰　丰　杨

元聖文憲王行像

周公行像——清刻本《东野志》

序

周公庙，由西周时期鲁国太庙沿革传承、几经重建而延续至今，是祭祀西周初期政治家、思想家、军事家、儒家学说的奠基人——周公的庙宇。

周公，姓姬名旦，周文王第四子、武王四弟。《尚书大传》载："周公摄政，一年救乱，二年克殷，三年践奄，四年建侯卫，五年营成周，六年制礼作乐，七年致政成王。"这是对周公历史功绩的高度概括。其中"三年践奄"，则与曲阜有直接关联。曲阜在商代时为奄国，曾于商中期为国都。据《古本竹书纪年》记载，南庚将商都自庇迁于奄，史称商奄；盘庚时又自奄迁于殷，此后被称为殷商。而商奄作为殷商的旧都城，依旧保持有强大的拥商势力。武王伐纣灭商后，商奄旧势力拥戴商纣王之子武庚发动叛乱，史称商奄之变。于是周公起兵东征，经过三年的浴血奋战，践灭商奄势力。此时，周公威力大震，为了震慑并安抚商奄旧部，以奄地封与周公建立鲁国，周公因辅佐成王不能赴鲁就国，而以长子伯禽替父就封，以后子孙世袭。鲁国在周初大分封时位列各诸侯国之首，受封待遇优厚，享有特权。《左传·定公四年》记伯禽替父"封于少昊之虚"，不仅"帅其宗氏、辑其分族"（即率领本宗族的大宗，集合其他小宗），而且还"将其类丑""因商奄之民"，即统领所属的"殷民六族——条氏、徐氏、萧氏、索氏、长勺氏、尾勺氏……使之职事于鲁,以昭周公之明德",还分得了"大路、大旂、夏后氏之璜,封父之繁弱(即良弓)……祝、宗、卜、史、备物、典策、官司、彝器",即赏赐周王室所拥有的辂车、龙旗、青铜器等最高级别的宝器,以及各种历史典籍、具备天子礼乐建制的人员。成王十四年,"周公薨,成王赐鲁以天子之乐礼之,立太庙"。特准鲁国享有两大特权:一是以天子仪郊祭文王;二是祭祀周公可用天子礼乐。鲁国具有与天子等同的最高礼乐典仪的规格,且以周公子孙世守传承,不敢稍有懈怠,以致到春秋各国礼崩乐坏时,有人发出了"周礼尽在鲁矣"的感叹。故儒学起源鲁国,其来有自。

孔子祖述尧舜,宪章文武,而以周公为宗师,惯以尧、舜、禹、汤、文、武、周公为圣君排序。并特别推举周公制礼作乐,成就了西周社会秩序和谐的典范。孔子传承礼乐,才有了儒家学说,以致影响中国历史文化数千年而历久不衰!

尧舜标示的是始祖文化、周公标示的是礼乐文化,孔子标示的是儒家文化,这些都以儒家的经典文献记述下来。这些儒家文献,本来是春秋鲁国孔门弟子的教学用书,以后升华为中华文史内涵的主要载体。从西周礼乐奠基,至两汉经学兴起,是中华传统文化创生、发展、定型并走向成熟的时代。在这个过程中,特别是历史发展的重要关头,鲁文化则一向率先腾飞,引领了中华传统文化的发展方向!

　　儒家既然成为了至圣独尊，各个朝代都重修扩建曲阜孔庙而行国家释奠大礼。为尊儒之源头并彰显周公之德，在鲁太庙基础上立庙祭祀"元圣"周公，溯本而秉礼，顺理而成章。周公庙与孔子庙尊尊有别、呼应有序，彰显礼乐文化的一脉相承，又完整地表述了鲁文化的根基和布局。

　　大国崛起，必将突显其民族智慧和文化魅力，国学复兴正其时，周公庙必将以儒家奠基为重要载体，闪耀于中华民族伟大复兴的进程中，为爱国主义教育、优秀传统文化教育，显现出斑斓而亮丽的色彩。

　　此书付梓之际，谨向读者朋友推荐。该书以详实的资料和通俗的语言，介绍了周公庙的文化内涵和文物建筑载体的基本知识，以期让更多的人们了解、感悟和认识。

　　是为序。

2018 年 8 月

前 言

周公是我国西周初期杰出的政治家、思想家、军事家、儒家学说的奠基人。他造就了中国封建伦理秩序，影响了中华民族的人物性格，同时把文明的标尺提升到一个新的高度。

在兵燹烽火的三千多年前，周公始终保持着傲然雄视的姿态，一笔笔浓墨重彩，勾勒出浩浩荡荡又纲常有纪的社会画卷。周公的一生无私奉献，以自己的人格魅力和伟岸身量，赢得了历史的尊重，被称为"元圣"。他开创的礼乐文化，对孔子影响至深，从而积淀了儒家文化的源泉。

周公是鲁国的始祖，鲁国是周公的封国。在曲阜周公庙，你可以领略周公的精神底色，还可触摸鲁国的文化质感。

以历史的底蕴解读历史，曲阜周公庙，不一样的风景。

编 者
2018 年 8 月

目 录

第一章　周公庙建筑

周公庙鸟瞰图

　　曲阜周公庙位于城东北 1 公里处的高阜之上，是祭祀我国西周初期伟大的政治家、思想家、军事家、儒家学说的奠基人——周公的庙宇，是全国三大周公庙之一。

　　宋真宗大中祥符元年（1008）追封周公为文宪王，于鲁太庙旧址始建文宪王庙（周公庙），因封建帝王曾封周公为"元圣"，故又得名"元圣庙"。周公庙历经宋、金、元、明、清历代多次增修扩建，形成了现在的规模。庙庭总面积达 75 亩，四周红墙环绕，现存三进院落，有殿、堂、庑、亭、门、坊 57 间，历代碑刻 30 余通，庙内有桧、柏、楷、槐等古树名木交织庇荫，蔚然壮观。1977 年，周公庙被公布为山东省文物保护单位，向中外游人开放。2013 年周公庙被公布为全国重点文物保护单位。

　　周公庙区域历史文化积淀深厚。鲁国故城周公庙区域为周至汉代鲁国的宫殿区遗址，是鲁国故城最为核心的部分，为曲阜西周早期的文化遗存，具有重要的历史价值和文化展示意义。

一、历史沿革

　　周公，姓姬，名旦，亦称叔旦。他是周文王第四子，周武王之弟，因采邑在周（今陕西岐山北），爵为国公，所以称为"周公"。公元前 11 世纪中叶，他曾佐武王伐纣灭商，因功封于鲁，成为鲁国的开国始祖，所以鲁人称他为"元公"。因被后世尊为"圣人"，所以又称"元圣"。武王死后，成王年幼，周公为冢宰，留相成王，不能到鲁国就封，由其长子伯禽到鲁国代父就封。又因周公功高，特许鲁国建太庙祀文王，用天子礼乐。周公卒后，葬于毕（今陕西西安北），谥号"文"，因此又称"周文公"。成王以周公功勋卓著，特赐鲁国以天子之乐礼之，许鲁国立庙以祀之。周公于鲁为太祖，因此祭祀他的庙宇又称"太庙"。孔子年少时就曾受周公思想的熏陶，学习周礼，"入太庙，每事问"。鲁公从伯禽算起，

《孔子圣迹图》——太庙问礼
（现藏于孔子博物馆）

子孙世袭相沿，终顷公，历经 34 世，奉周公之祀。鲁顷公二十四年（前 249）楚灭鲁，"顷公亡，迁于下邑，为家人，鲁绝祀"（《史记·鲁周公世家》）。西周初期，周公的长子伯禽之幼子名鱼，被封食采邑于东野，其后代有人遂以地名为姓氏，称东野氏。自秦汉以来，东野氏无高官厚禄之人，无力重修太庙，久之圮废。

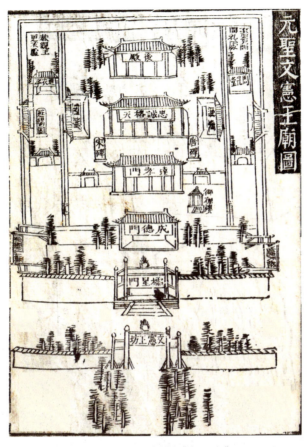

周公庙图——清刻本《东野志》

后世帝王对周公备加尊崇，自汉代以来，即祀于学宫，列入国家祀典，尊为"先圣"；唐代追封为"褒德王"，受祀于两京（京师、东都）；北宋大中祥符元年（1008），宋真宗赵恒东封过曲阜，亲拜周公于鲁太庙旧址，追封周公为"元圣文宪王"，诏令于太庙旧址重建周公庙，亦称文宪王庙，岁时奉祀。据明代《东野志》记载：文宪王庙"正殿五间，中祀周公，有遗像，以鲁公伯禽配享，以金人从祀。有敬器，从周公庙旧制也"。明成化二年（1466），始为周公庙置洒扫

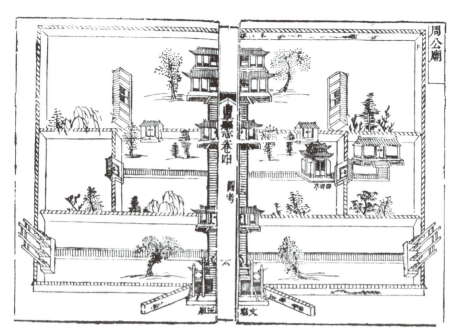

周公庙图——清刻本《曲阜县志》

1940年左右的周公庙棂星门老照片（曲阜收藏家提供）

户；弘治十三年（1500），访得东野禄为周公69代孙，遂令
其管理春秋祭祀；正德十三年（1518），开始设置祭田、祭
器等；嘉靖三年（1524）和万历元年（1573），又颁降祝文、

1930年左右的周公庙元圣殿周公塑像老照片
（现藏于孔子博物馆）

定庙制，大修周公庙，奠定了现在的规模。清康熙二十三年（1684），皇帝幸鲁遣使祭告周公，赐东野沛然翰林院五经博士世袭，并命其修庙，赐祭田、庙户；乾隆二年（1737），知县孔毓琚请帑修庙；乾隆三十五年（1770），复重修周公庙，庙制为正殿五间，殿中恭安周公塑像，东配鲁公伯禽塑像，西立"金人"像。中华人民共和国成立后，周公庙于1953年、1981年两次大修。 周公庙的建筑布局充分体现了周公宗法礼教的思想，反映了封建社会的宗法制度与伦理观念，建筑工艺充分展现了明清时期当地高超的雕刻技术与艺术成就。庙内建筑以歇山和悬山为主，木构架为抬梁式，绿琉璃筒瓦和灰瓦屋面，青砖淌白墙，重要建筑为干摆青砖墙。彩绘以青绿色为基调，多绘以旋子彩画，元圣殿则饰以金双龙海水江崖，旋子间以金箍连接，颇具匠心。合理的布局，紧凑的章法，使得这一古建筑为中外游人所向往，为古今学者所仰慕。

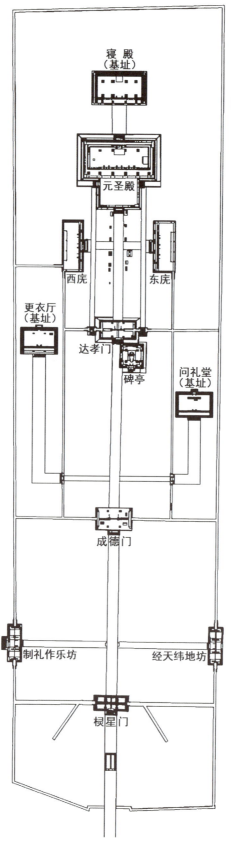

北

寝 殿
（基址）

元圣殿

西庑

东庑

更衣厅
（基址）

达孝门

碑亭

问礼堂
（基址）

成德门

制礼作乐坊

经天纬地坊

棂星门

周公庙地图

二、主要建筑

◆棂星门

周公庙的第一道大门。三间四柱冲天柱式木制牌楼，柱头顶端饰以绿琉璃八棱瓷鼓，其上蹲坐绿琉璃烧制的四大天王坐像，分别执剑、佩铜、执鞭、手舞法宝。柱前后以抱鼓石和木柱戗撑。三间均为双开扇木门，门中槛以下为装板门，

棂星门

以上为栅栏木棂。斗拱三昂九踩，明间四攒，次间各两攒。门额上方前后均刻有乾隆手书"棂星门"三个贴金大字，两侧为双面镂空雕龙花板，明次间枋木、斗拱均施彩绘，柱、门、博风等硃红油饰。棂星门两侧分别砌筑看墙和八字墙。清代重修，1954年油饰彩绘，1981年重新烧制绿琉璃四大天王。

棂星，即灵星，又名天田星、天镇星，是古代的所谓的"文星"。古人认为灵星"主得士之庆"，凡祭天先祭灵星。周公庙的第一道大门以此命名，是把周公比作天上施行教化、广育英才的"文星"。

周公庙院中的古树

◆经天纬地坊与制礼作乐坊

穿过棂星门后，为周公庙的第一进院落，院落东西各有一座牌坊，东为"经天纬地"坊，西为"制礼作乐"坊，建于明嘉靖三年（1524）。坊为石质，通面阔12.23米，三间四柱冲天柱式石坊。四柱为八棱形，上出云朵，明间两柱头用仰莲座，上置圆雕朝天吼，次间两柱头略作卷杀，刻圆珠一周，上置雕刻宝瓶。明间坊心刻字，坊上置雕刻火焰宝珠，

经天纬地坊

次间坊心隐刻二龙戏珠。下款刻"明嘉靖三年，岁次甲申冬十月建，钦差巡抚山东都察院右副都御史陈凤梧书，兖州知府陈谈立"。四柱前后均用抱鼓石，四柱均安南北方整条石，四周安装阶条石，地面为砖铺地面。石坊三间均安固定栅栏，明间有可开双扇便门。"经天纬地""制礼作乐"是赞扬周公能以天地为法度，经管天下、拨乱反正以及制定了治理国家的礼乐典章制度，为历代封建王朝以德、礼治国奠定了基础。

制礼作乐坊

　　众所周知，周公在殷礼的基础上，创立了内容宏富的礼乐制度。周公所作之礼，是西周时期的一系列典章制度，其中以政治制度、宗教礼仪以及道德伦理规范为主，同时还包括人们的生活方式等等。而周公作乐，则不仅包括乐曲，还包括诗歌、舞蹈等多项内容。周公制礼作乐的根本目的是为了巩固西周王朝的统治，维护"亲亲"与"尊尊"的宗法制及等级制，在国家政治生活中起到了"经国家、定社稷、序民人、利后嗣"的极其重要的作用。从某种意义上说，它是当时人类文明的一个重要标志，兼有伦理道德规范和法律约束的双层含义，对约束人们的行为特别是奴隶主贵族的行为具有十分重要的意义。到了孔子时代，面临着"礼崩乐坏"，孔子不仅大力宣扬周公的礼乐，而且对礼进行新的论证和诠释，把礼提到治国的高度。在孔子看来，只要善于运用礼，就能很好地驾驭社会，巩固国家政权。为此，他要求人们从语言到行动做到"非礼勿视，非礼勿听，非礼勿言，非礼勿动"。孔子及其弟子提出的"恭近于礼，远耻辱也""礼之用，和为贵""礼让为国"等思想成为中国传统文化重要的不可或缺的组成部分。

◆ 成德门

　　周公庙的第二道大门。三间四梁十二柱，三柱五檩分心式抬梁木构架，单檐绿琉璃剪边灰瓦悬山顶。明间为双开扇实榻门，各安门钉49个，有兽面一对，门扇两侧各为余塞框，上槛安门簪四个，两次间中柱之间为砖墙砌体，下为青砖裙肩，上为抹灰墙面，墙体砌筑至门上槛为止，其上三间均安装木栅栏。檐下未施斗拱，柱头枋下均安装木雕雀替，单步梁、双步梁与柱结合部置雀替。两山墙为青砖砌筑，上部砌筑五花山墙。该门梁、檩、枋绘雅伍墨旋子彩画，门簪、雀替画五彩图案，柱、门、博风刷红油。门内左右通往东西两院的小门各一座。门下南面东西两侧立明嘉靖2通石碑：东为明嘉靖二十一年（1542）"兖州府为乞赐祭田以崇祀典事"碑，西为明嘉靖二十四年（1545）"兖州府曲阜县为修理圣庙事抄蒙"碑。门下北面东侧立清嘉庆四年（1799）封周公后裔东野氏为博士碑。后人设成德门以赞颂周公具有盛德、全德的美誉。

成德门

"成德"一词出自《尚书·伊训》"伊尹乃明言烈祖之成德，以训于王"。"德"在周公思想中占有重要的位置。这里的"德"是处事得宜的意思，主要包括敬天、孝祖、保民三项内容，运用在政治上就是要求明察和宽厚。周公反复说明，周人取代殷人受命，是修德所致。文王"明德慎罚"，缔造了周国，武王效法文王努力奉行宽厚的大德，得到天的欢心，才得以代殷受命。只有继续推行德政，才能维持天命不坠。周公认为要搞好德治，统治者就必须保民、勤政、用贤、以身作则等。孔子继承、发展了周公的德政思想，认为道德的核心就是仁，并提出要从各方面爱民、富民、教民，至于统治者本身更应起表率作用。

◆ 康熙御碑亭

穿过成德门，进入第二进院落，迎面一座方形的碑亭为康熙御碑亭。亭通面阔进深各三间，均为 6.2 米，建于清康熙二十六年（1687）。重檐绿瓦歇山顶，下檐明间和上檐施

康熙御碑亭

五踩重昂斗拱，平身科各四攒斗拱，昂头刻如意头。内顶天花绘坐龙，围栏透雕云龙花板和荷叶瓶。明间额枋下安装木雕雀替。梁、枋、檩用金龙彩绘。亭内立清康熙二十六年（1687）御祭周公庙碑1通，碑首为深浮雕双龙戏珠，下雕赑屃趺碑。四周凸雕云龙戏珠，碑身刻康熙皇帝御祭周公碑文，边款刻"清康熙二十六年夏四月"。碑高4.45米，宽1.40米，厚0.52米；龟趺高1.3米，长3.4米，宽1.5米，下有水纹龟盘。

◆ **达孝门**

周公庙的第三道大门。通面阔三间11.05米，通进深两间4.57米，三柱五檩分心式抬梁木构架，单檐灰瓦悬山顶。

达孝门

明间为双开扇实榻门，门两侧各为余塞框，两次间中柱间为砖墙砌体，下为青砖裙肩，上为抹灰墙面，墙面镶嵌碑碣。墙体砌至明间上槛为止，其上安装栅栏。檐下未施斗拱，中柱头置一斗二升交麻叶斗拱，上托脊檩，檐下柱头枋下置木雕雀替，单步梁、双步梁与中柱连接处置木雕雀替。两山为青砖墙砌体，上部砌筑五花山墙。门梁、檩、枋为雅伍墨旋子彩画，柱、门、博风等刷红油。此门原已倒塌，1981年重建。门墙上嵌有明清谒庙题记、题诗刻石。门西有李予昂诗碑，诗刻在原"曲阜鲁国故城"的标志碑上。达孝门两侧各有通往内院的掖门一座。

"达孝"一词源于《中庸》："子曰：'武王周公，其达孝矣乎？……事死如事生，事亡如事存，孝之至也……'"赞扬周公具有至大至高的孝道。在周公肯定的几种道德规范中，"孝"是其中最重要的道德规范之一。"孝"字在西周金文中是祭祀祖先时有所奉献的形象。周公认为"追孝""享孝"祖先，对祖先不忘，可以祈福长寿，使族类获得幸福，并将其含义从"事死"扩大到"事生"，认为孝的对象不仅有父母、祖父母，而且包括宗师、宗庙以及兄弟、朋友、有婚姻关系的宗室诸侯等。周公在《尚书·康诰》中不仅讲到孝，而且认为父子兄弟的伦理关系是双向的，不仅子要孝，父也要慈，弟要恭，兄也要友，而且对祖先要"追孝""享孝"等等。这样，"孝"便成为一个重要的伦理范畴。西周文献中常以"有孝有德"作为贵族品格的基本要求。孔子根据春秋时期社会大动荡的形势，把孝悌提到"犯上""作乱"的高度。他在《论语·学而》篇中说："其为人也孝弟，而好犯上者，鲜矣；不好犯上，而好作乱者，未之有也。君子务本，本立而道生。孝弟也者，其为仁之本与！"意即孝悌就是为人之本，人们有了孝悌这种品德，犯上作乱的人就很少了。

◆ 元圣殿

周公庙主体建筑。位于第三进院中心，建于1.3米台基之上。通面阔五间20.62米，通进深三间9.08米，高11.81米，单檐绿瓦歇山顶，前出廊，明间和东西次间为四开槅扇门，六抹头，棂花式样为三交六椀，梢间为四抹头，四开槛窗，后檐明间为六抹头四开槅扇门。檐下用重昂五踩斗拱，

元圣殿

元圣殿内景（一）

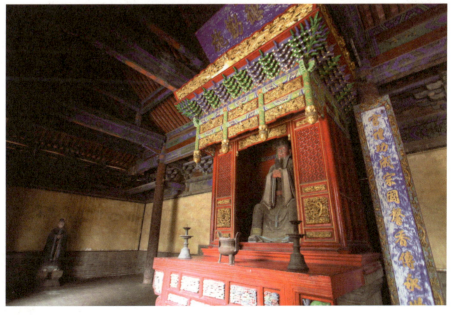

元圣殿内景（二）

元圣殿内周公像

明、次、梢间均施平身科两攒斗拱。建筑施雅伍墨旋子彩绘，外檐做金龙海水江崖图案，室内及廊步均饰雅伍墨旋子图案。门窗、柱子、山花、博风等硃红油饰。元圣殿明、次、梢间断面为四柱七架梁，两山面墙内则立中柱，构成五柱，中柱两侧各置一攒平身科斗拱。梁架形式为抬梁式木构架，廊步桃尖梁承托正心檩、挑檐檩，五架梁承托下金檩，三架梁承托上金檩，脊瓜柱承托脊檩。前檐额枋下柱头均施木雕雀替。五架梁随梁枋与金柱连接处置木雕雀替，五架梁与三架梁瓜柱、脊瓜柱角背刻卷草木雕，脊瓜柱柱头嵌入木刻卷草木雕装饰。1953年元圣殿全部落架重建。"文革"期间神龛、塑像被毁，1984年恢复神龛、重塑塑像。

殿内正中上悬"明德勤施"横匾，两旁金柱上挂木雕对联一副，上联书"官礼功成宗国馨香传永世"，下联书"图书象演尼山统绪本先型"，均为乾隆皇帝手书。

殿内正中有木雕神龛一座，内有周公塑像。像高2.6米，宽1.1米，头戴十二冕旒，身穿十二章青袍盘龙服，牌位刻"元圣周公文宪王之神位"。 东山墙神龛一

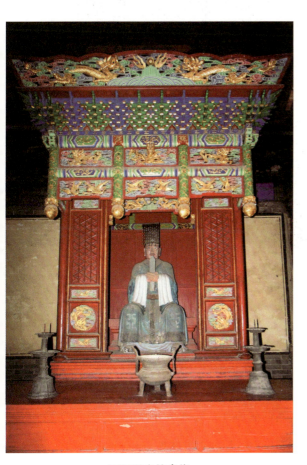

元圣殿内伯禽像

座，西向，内塑鲁公伯禽像，像高2.3米，宽1.05米，九冕九旒，身穿九章云龙蓝袍，神牌刻"鲁公伯禽之神位"。西山墙面向东，有泥塑站像一尊，为伯禽的仆人"金人"塑像。仆人出现在庙宇之内，并在大殿供奉，与主人一起受人祭拜，这在中国历史上是十分罕见的。那么这个仆人到底是谁呢？历史上有个"金人铭背"的典故，讲的就是这个仆人。

元圣殿内金人像

相传这位仆人乃是伯禽的书童，名叫金人，金人在伯禽的一生中起到了很重要的作用，这还要从伯禽的父亲周公说起。当时，周武王把鲁国分封给了周公。而周公由于需要留守都城，辅佐朝纲，无奈，就让自己的长子伯禽去接管封国。但周公对伯禽管理封国不大放心，于是想出了一个独特的办法。一天，周公把伯禽的书童金人叫到身边，和他耳语了一番，书童连连点头，便脱去了上衣，袒露出后背。周公提起笔来，在他后背写了一段文字。之后，书童随同伯禽来到了鲁国。在鲁国，书童平日里不与伯禽多说话，但是，当伯禽在为人处世和处理政务中有违背周公训诫的言行时，金人就会袒露脊背，让伯禽看周公的铭文。在书童脊背铭文的提醒下，伯禽谨遵父教，在鲁国进行了为时四十六年的统治。西周至春秋初期，鲁国的经济文化一直走在各国前列。周公去世以后，伯禽为祭祀他，修建了周公庙作为鲁国的太庙，并把他的书童金人的塑像也立在了庙宇里。清道光年间，抄录原文刻于石碑上，立

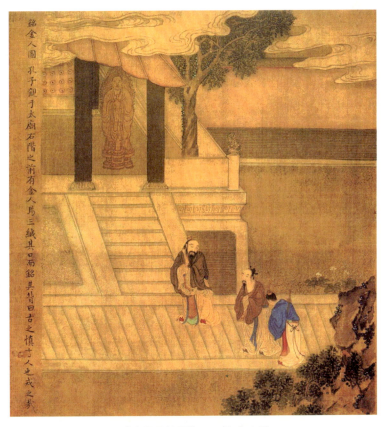

《孔子圣迹图》——铭金人图
（现藏于孔子博物馆）

于元圣殿院内西排南侧，是为"金人铭"碑，由孔子七十二代孙孔宪彝书写，清道光二十年（1840）秋七月长洲王大育立石。碑文上除了金人铭的铭文之外，还提到了孔子当年观看金人铭背的情况。当孔子到鲁太庙祭拜周公时，看到金人背后的铭文深为赞同，对弟子们说："小子识之，此言实而中，情而信。"认为周公这番话非常中肯实用，用情至深，切实可信。通读铭文，内容很丰富，是周公嘱其子伯禽处事的铭言，也是周公从政的切身经验，体现了周公的修身从政智慧。主要有以下几点：

第一，要谨言慎行。碑文说："无多言，多言多败；无多事，多事多患。"说话、做事都要谨言慎行，否则就可能导致失败，甚至出现祸患。对这些做人处事的哲理，孔子也主张"敏于事而慎于言"，痛斥"巧言令色"之徒。子曰："多闻阙疑，慎言其余，则寡尤；多见阙殆，慎行其余，则寡悔。言寡尤，行寡悔，禄在其中矣。"多听，有疑惑的地方暂且搁置，谨慎地说出其余确定的，这就会减少言语上的过失；多看，有疑惑的地方暂且回避，然后谨慎地去做其余有把握的，这就能减少行动上的懊悔。言语上减少过失，行动上减少懊悔，官职俸禄就在其中了。这里有两层意思：一是不要说不该说的话，不要做不该做的事。所以，孔子说："非礼勿视，非礼勿听，非礼勿言，非礼勿动。"第二层意思是少说空话、多干实事。孔子曾说："君子欲讷于言而敏于行。""巧言令色，鲜矣仁。"即君子说话要谨慎而行动要敏捷，花言巧语，装出和颜悦色的样子，这种人的仁心就很少了。

第二，要防微杜渐。碑文说："焰焰不灭，炎炎若何？涓涓不壅，终为江河。绵绵不绝，或成网罗。毫末不札，将寻斧柯。"小小的火苗不及时扑灭，等火势大了，还怎么去扑救。细小的溪流没有阻塞，最终将汇成江河。微小的东西如果连续增加，将来也可能成为一张大网。细小的恶苗不及时拔掉，将来只能用斧头来清除它。《韩非子·喻老》中讲："千丈之堤，以蝼蚁之穴溃。"《尚书·旅獒》中说："不矜细行，终累大德。"大必起于小，多必起于少。人生的祸患常发乎其微，针大的窟窿斗大的风。所以，为官须见微知著，防微杜渐；勿以善小而不为，勿以恶小而为之；去小恶以保本真，积小善以成大德。

第三，要淡泊名利。碑文说："人皆趋彼，我独守此；人皆惑之，我独不徙。"人们常争名逐利，我却独守原则；人们对这种行为都疑惑不解，我却坚定不移。诸葛亮在《诫子书》中说："非淡泊无以明志，非宁静无以致远。"这个"淡泊"就是清廉素朴，少一点私欲，不取不义之财，不图非分之想，无浮躁之举，有平静之心。

第四，要虚怀若谷。碑文说："江海虽左，长于百川，以其卑也。"江海之大，是因它处在低位，能容百川。这就是我们常说的"海纳百川，有容乃大"。"君子知天下之不可上也，故下之。知众人之不可先也，故后之。"君子知道天下的事不可事事争上，所以谦恭居下。知道不可居于众人之先，所以虚心在后。《易经·象传》中说"地势坤，君子以厚德载物"，君子应该像大地一样，有宽广的胸怀，能容纳一切。身安不如心安，屋宽不如心宽。

元圣殿前有一露台，系当年祭祀之用，台下置一盘龙石香炉。在元圣殿院内，甬道两侧排列着13通石碑。时间最早的碑刻是西排居中的一通，为宋大中祥符元年（1008）所立，宋真宗御制"文宪王赞"碑。东排最高的为元天历二年（1329）"重修文宪王庙之记"碑。北起第三石为明嘉靖三十一年（1552）陶钦皋"谒周公庙诗"碑：

> 周公庙侧黍离离，传是灵光旧殿基。
>
> 纵使更操延寿赋，萧条钟楼亦多时。

◆东、西两庑

分别位于元圣殿东西两侧，各5间，前廊出厦，通面阔16.21米，通进深6.47米，单檐灰瓦悬山顶，为四柱抬梁式木构架，檐下未施斗拱，明间为六抹头四开直棂槅扇门，次间为四抹头四开直棂槅扇门，梢间砌筑砖墙，中间嵌入直棂

东庑

槛窗，后檐墙及两山墙为青砖砌筑，山墙上部砌筑五花山墙。廊内柱头枋下置木雕雀替，后金柱纵向柱头枋下置木雕雀替，明次间各置神龛。梁、枋、檩为雅伍墨旋子彩画，柱子、门窗、博风板硃红油饰。原庑内各木雕神龛五座，内祀伯禽以下三十二公神牌配享，东庑有：考公、炀公、幽公、魏公、厉公、献公、真公、武公、懿公、孝公、惠公、隐公、桓公、庄公、闵公、僖公、文公、宣公；西庑有：成公、襄公、昭公、定公、哀公、悼公、元公、穆公、共公、康公、景公、平公、缗公、顷公，均用红漆牌位。西庑南头隔出一小间，作为礼器库用。

元圣殿后原有寝殿 5 间，早已倒塌，现只存殿基。

东院原有太庙 3 间，亦称问礼堂（《论语》中"孔子入太庙，每事问"就在此处），现只存殿基 3 间，石碑 2 通。

周公庙东院

西院原有更衣厅、神庖、神厨等，亦已倒塌，现存更衣厅基址 3 间，石碑 3 通。外围有石砌虎皮墙一周。

周公庙西院

三、修缮保护

周公庙古建筑群修缮保护工程

周公庙自宋大中祥符元年（1008）创建，历经元、明、清历代修葺扩建达现今规模，至今已有一千余年的历史。新中国成立后，虽然曲阜县人民政府于 1953、1981 年两次拨款对周公庙进行了大修，但由于年代久远，庙内建筑出现了不同程度的残损。棂星门、制礼作乐坊、东庑等主要建筑结构均出现不同程度的游移歪闪，木构件多处脱榫，墙体出现纵深裂缝，外檐油漆彩画斑驳脱落，元圣殿因原来维修时更换的筒瓦规格较小，漏雨严重。多处围墙墙体濒临倒塌，路面砖酥碱较重，急需进行维修。为加强对古建筑的保护，发挥周公庙在弘扬中国传统文化中的作用，曲阜市文物局启动了周公庙古建筑修缮保护工程。

维修中的康熙御碑亭

2011年8月至9月，曲阜市三孔古建筑工程管理处对周公庙建筑进行了现场遗址清理和勘察测绘，深入研究分析周公庙建筑群格局的现状，收集掌握详尽的原始资料，高立足点地设计编制了《曲阜周公庙古建筑群修缮保护方案》。《方案》针对建筑残损现状，根据《中华人民共和国文物保护法》关于"不改变文物原状"的修缮原则，结合周公庙建筑群出现的残损现状分析，确定对歪闪严重的棂星门、制礼作乐坊等建筑进行保护性拆卸加固整修，对其他漏雨建筑进行挑顶维修，木构架整修，酥碱严重

周公庙建筑群地仗后油饰

的墙体进行拆砌挖补，地面翻铺，木构架及门窗重新砍做地仗并油饰，恢复外檐彩画等。

2011年10月26日，《周公庙古建筑群修缮保护工程方案》由山东省文物局、山东省文物考古研究所等领导和专家组成的评审组原则通过。随后，根据专家的意见和建议继续修改完善《周公庙古建筑群修缮保护工程方案》并上报山东省和国家文物局审批通过。

2013年3月8日周公庙古建筑群修缮工程正式开工。施工人员严格按传统古建筑工艺的要求进行施工，坚持传统工艺的传承。查补八字墙瓦面，整修檐头附件，局部揭瓦，拆砌部分墙体；拆除棂星门原屋面，按原形制苫背挂瓦；拆安阶条石，对缺失的部分进行添配；查补成德门、达孝门、康熙御碑亭屋面，整修檐头附件，添配仙人、走兽；拆除元圣殿原琉璃瓦屋面，对木基层进行了整修，更换糟朽严重的木基层后苫背挂瓦；整修地面、墙体、石构件等。对棂星门、制礼作乐坊、成德门、达孝门、康熙御碑亭、元圣殿等的原椽望、博缝板、山花板及上下架地仗进行清理并按传统工艺重做地仗后油饰；对周公庙各院落地面进行了局部揭墁，损坏严重的部分拆除后按原形制铺墁；查补院落围墙屋面，整修檐头附件，整修墙体并挖补砖，墙面铲皮灰后重新抹灰；部分歪闪严重的围墙拆除后按原形制重新砌筑。历时6个多月的精心施工，工程造价近260万元，于2013年9月25日圆满完工。修缮后的周公庙古建筑群，更加庄严肃穆，古朴典雅，保留了古建筑群的真实性、完整性，保持了建筑整体的原汁原味，淋漓尽致地诠释着中国古代建筑所蕴含的东方特色和东方意蕴。

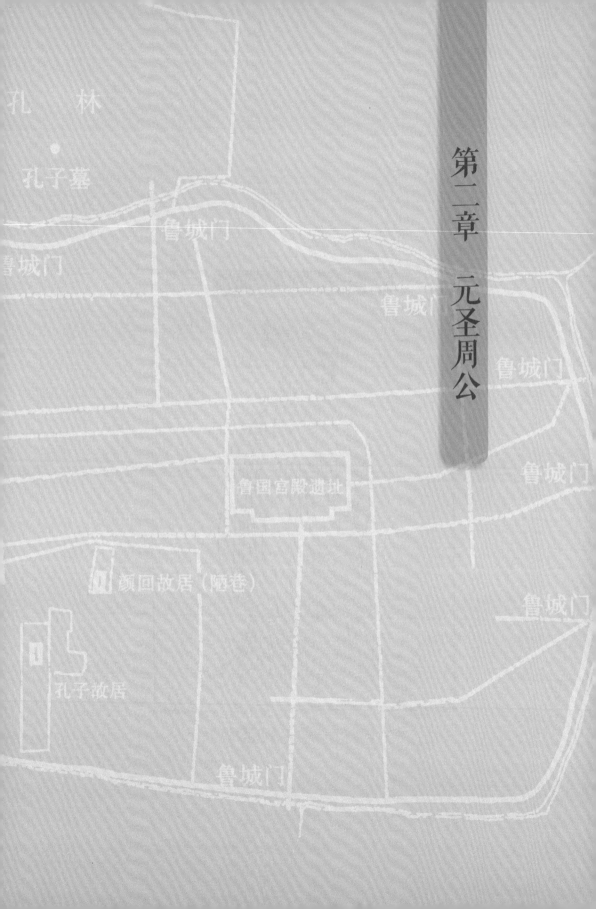

孔　林

孔子墓

鲁城门

鲁城门

鲁城门

鲁城门

鲁城门

鲁国宫殿遗址

颜回故居（陋巷）

孔子故居

鲁城门

第二章　元圣周公

周公像——清刻本《东野志》

周公是西周初期的政治家、思想家、军事家、儒家学说的奠基人。他身处当时激烈而复杂的政治斗争、军事斗争的漩涡中心，站在时代潮流的最前沿，深入地研究了周初社会，汲取了周人在创建新国家的复杂历程中产生的精深思想，同时又融合了禹、汤、文、武思想的精髓，开创了具有划时代意义的新的思想文化——礼乐文化，其中就包括"敬德保民"思想、"父爱子孝，兄友弟恭"的伦理道德观等等。这既是殷周时代精神的凝结、三代以来思想文化的集大成，又有对之前文化传统的超越和突破，既具有深厚的文化底蕴又具有开创性意义，构成了我国历史发展不可或缺的要素，奠定了华夏文明发展的基石，成为中华传统文化发展的文化基因和重要源头，对后世产生了深远的影响，至今仍具有重大的现实意义。

一、周公事迹

周公，西周初期杰出的政治家、思想家、军事家，礼乐制度的开创者，被尊为"元圣"和儒学先驱。周公一生辅国安邦，为周王朝的确立、巩固和发展发挥了至关重要的作用。周公一生的功绩，《尚书大传》概括为："周公摄政，一年救乱，二年克殷，三年践奄，四年建侯卫，五年营成周，六年制礼作乐，七年致政成王。"

周族兴起

相传周族是黄帝的后裔，最初居住在邰（今陕西省武功县），始祖名弃。传说弃的母亲姜嫄是有邰氏的女儿，帝喾的元妃。她在郊外出游时，践踩巨人的脚印而有孕生下弃。姜

黄帝像

嫄认为不祥，便三次将他抛弃，但是每次抛弃后都获救。姜嫄觉得一定是有神灵保护他，于是将他抱回抚育。因为他曾经被抛弃过，所以起名叫弃。弃出身不凡，自小喜欢种植，长大后更是精于农作。后来，被尧任命为"农师"，教民耕种，号后稷。由于农业与天文历法有很大的关系，所以后稷又是观察天象、敬授民时的能手。后稷的事迹说明，周族在很久以前就是一个从事农业生产的部落。大约在夏朝后期，首领公刘率领周人迁移到水源充足、土地肥沃的豳（今陕西省旬邑县）。公刘在这里因地制宜，发展农耕，复兴后稷之业，周族逐渐兴盛起来。公刘九传至古公亶父，因屡遭戎狄威胁，又迁至岐山之阳的周原（今陕西省岐山县），营建成邑，设置官吏。这是周族势力大发展时代，确立了周人的历史地位，由此，古公亶父被后世尊为"太王"。古公传位幼子季历，同时季历也被商王文丁封为"牧师"，即诸侯之长。此时，周族已是商朝西部的一个强大方国。由于周族势力的发展，对商王朝产生了巨大的威

后稷像

胁。为了遏制周族的势力扩张，商王文丁杀死了季历。季历死后，其子姬昌继位，封为西伯（诸侯之长），姬昌即周文王，周公之父。姬昌招揽贤才，积极发展力量，又进一步扩张了势力范围，在沣水之泮营建丰邑（今西安市户县），后作为都城。姬昌去世，次子姬发即位，是为武王。

周文王像

辅助武王

周本是商在西方的一个属国，由于周文王励精图治、修德偃武、礼贤下士，国力迅速发展，周文王也因之被商封为

周武王像

西伯。商纣王荒淫无道，国家式微，诸属国众叛亲离，民众怨声载道，于是周文王便积极准备，有意取而代之，却饮恨而终。周武王继父遗志，继续苦心经营，伐纣成功，建立周朝。

武王姬发即位后，以周公旦为辅相。周公全力辅翼，并以忠诚见称于史。在讨伐纣王灭商过程中，他参加了战前的孟津诸侯盟会。武王九年（前1048），"东观兵至于盟津""诸侯不期而会盟津者八百诸侯"（《史记·周本纪》）。"观兵"

的结果已经说明人心背商向周。在著名的牧野（今河南淇县南）之战前，周公为武王撰写了一篇慷慨激昂的誓词《牧誓》，声讨了商纣暴行，鼓舞了士气。牧野之战，商由奴隶临时组成的部队阵前倒戈，周军挥戈直入朝歌，商纣见大势已去，自焚身亡，商朝随之灭亡。殷商王朝被灭后，周公建议使用怀柔政策。周军进城后，在周公的建议下，扑灭鹿台大火，开仓济民，释放被囚禁的奴隶和宫中妇女。随后封纣王之子武庚于商朝旧地，治殷商遗民，使绝大部分殷商臣民归服了

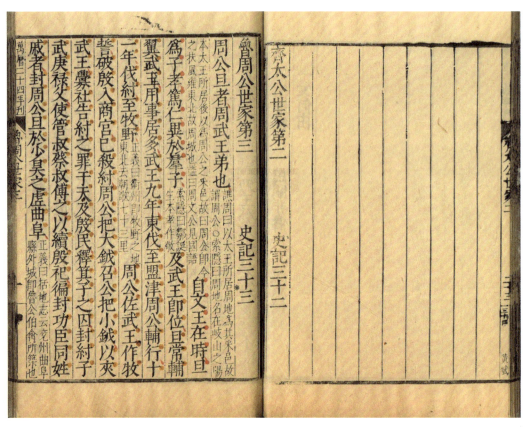

《史记》中关于周公的记载

周王朝，稳定了周政权。武王对各诸侯国进行分封，周公因功绩卓著，被封于鲁。

摄政成王

周朝建立的第二年，武王病逝。武王临终前有意把王位传给有德有才的叔旦——周公，并且说这事不须占卜，可以当面决定。周公涕泣不止，不肯接受。太子姬诵继位，是为周成王。然而，周朝大邦新建，百事待兴，内忧外患接踵而来，成王年龄尚幼还不足以应对当时的复杂局势。《尚书·大诰》说："有大艰于西土，西土人亦不静。"《史记·周本纪》也说："群公惧，穆卜。"周公从社稷安危的大局着想，以冢宰的身份总理国政，辅佐成王，史称"周公摄政"。摄政期间，周公诰诸侯、会群臣、葬武王，求贤若渴，明德慎罚，勤慎国事。

周公总揽朝政大权，并非是出于权势欲望，而是为了使周政权能够更加巩固，但仍然遭到了不少人的疑忌。管叔有意争权，于是散布流言："周公将不利于孺子（成王）。"王室内部也有人对周公持怀疑态度。在这种内外夹攻的局面下，

周公辅成王——汉画像石拓片

周公首先稳定内部，保持团结，说服太公望和召公奭。他说："我之所以不回避困难形势而摄政，是担心天下背叛周朝，否

则我无颜回报太王、王季、文王。三王忧劳天下已经很久了，而今才有所成就。武王过早地离开了我们，成王又如此年幼，我是为了成就周王朝才这么做。"在周公一系列耐心细致的工作后，取得了召公和太公的理解和支持。

克殷践奄

周公摄政，引起同父异母的兄弟管叔鲜、蔡叔度和霍叔处三人（此三人是周武王派到殷地去监视武庚和遗臣遗民的，史称"三监"）不满，认为周公有篡权之心。于是，勾结武庚、奄国（曲阜）等商殷遗民发动叛乱。就在襁褓中的周王朝危难之际，周公挺身而出，以成王的名义亲自前去东征平叛，发布了《大诰》。公元前1022年，周公顺利地讨平了三监的叛乱，诛斩管叔，杀掉武庚，流放蔡叔。收伏殷之遗民，后封武庚庶兄微子建立宋国（今河南商丘）。周公讨平管蔡之后，乘胜向东方进军，灭掉了奄（今山东曲阜）等五十多个国家。平定淮夷及东部其他地区，使各诸侯都宗顺周王朝。分封周公长子伯禽于奄国故土，沿用周公初封地"鲁"称号建立鲁国，国都为曲阜，疆域在泰山以南，今山东省南部。

武王克商只是打击了商王朝的核心部分，直到周公东征才扫清了它的外围势力。三年的东征尽管灭国有五十个左右，而占领地的巩固和扩大还是在分封同姓之后。东征以后，周人再也不是西方的"小邦周"，而成为东至东海，南至淮河流域，北至辽东的泱泱大国了。周公东征如疾风骤雨席卷了大河下游，搅动了原有民族部落的格局。徐国一部分逃到江南（今江西）；一部分东夷被赶到淮河流域；嬴姓西迁；楚国逃到丹水流域。这造成了民族大迁徙大融合。东征的战斗是残酷而激烈的，战士们跟着周公东征，斧子砍出了缺口，纵使饱经战斗的苦楚，能够生还是很幸运的了。东征的战士思念家乡，一旦解甲归田，心中充满了种种遐想，《诗经·豳风·东山》就是这种心理的生动写照。周王朝再也不是内外交困、战斗之前的那种"风雨所漂摇，予维音哓哓"的局面了。

营建新都

周公平叛以后，为了加强对东方的控制，正式建议成王把国都迁到洛邑（今洛阳），得到成王同意后，即开始营建新都。

成王四年（前1039），周公派召公姬奭到洛邑视察地形，选择建都位置。召公到洛邑后用被征服的殷庶民"攻位于洛汭"，经过测量确定了方位。后周公到洛邑，审查了召公测定的城郭、宫室、郊庙、朝市的方位。"周公朝至于洛，则达观于新邑营。"

周成王像

（《尚书·召诰》）周公在洛邑举行祭祀天地的仪式，他用土圭在夏至这一天测量日影，证明洛邑居于天下之中，确实适合营造王都。营建洛邑前，还对洛邑的选址举行了隆重的占卜仪式。"我乃卜涧水东、瀍水西，惟洛食；我又卜瀍水东，亦惟洛食。"（《尚书·洛诰》）由此可见周公营造的洛邑就在涧水东和瀍水两岸之间。成王五年（前1038）三月，周公通告周与被征服的殷各级贵族侯、甸、男、伯前来参加新都的奠基典礼，并依据工程的需要，分段划分，让他们驱使大批奴隶，按照规划，投入到艰巨的修筑城墙、营造宫室工程中。不到一年，一座崭新的洛邑建成了。洛邑建成后，周公召集周王室各诸侯国，举行了盛大的庆典，周成王亲自主持仪式。

新都的建成，标志着洛邑成为周朝政治和军事中心。从此西周有了两座都城，西边的镐京称宗周，东方的洛邑称成周。所谓成周，就是取"周道始成"之意。成周洛邑的营建，对于巩固西周的统治、东西经济和文化的交流以及社会的发展都起到了重要的作用。

分封建国

当时，西周天下很不稳定，周公和召公奭二人遂决定分陕而治。"陕"即今三门峡一带，《水经注》说是老陕州城一带（陕陌），《括地志》则说指陕塬（今三门峡陕县张汴塬）。当年周、召二公商定，凿了一根高三米五的石柱栽于分界之处，称作"立柱为界"。周公、召公以"陕"为分界线，把周王朝的统治区分为东西两大行政区，周公管理陕之东，召公管理陕之西（陕西之名，即渊源于此）。这根石柱，当年就栽在分界之处，是中国最早的界石。周召分陕之后，周公就可以把主要的精力用于防备殷商遗民的反叛，稳定东部新拓展的领地。而召公奭的责任就是进一步开发黄河中游地区的农业生产，建立巩固的经济后方，为周王朝进一步开拓疆土解除后顾之忧。

建都洛邑后，周公开始实行封邦建国的方针。周公根据当时的历史实际，把周王室中姬姓成员和姻亲功臣，按尊卑贵贱、血缘亲疏的等差，分别将他们派往被征服地域，建立封国，由他们代表周王室行使对各地方的直接统治权。据《荀子·儒效》记载，周公"立七十一国，姬姓独居五十三人"。《左传·僖公二十四年》载："昔周公吊二叔之不咸，故封建亲戚以藩屏周。管、蔡、郕、霍、鲁、卫、毛、聃、郜、雍、曹、滕、毕、原、酆、郇，文之昭也。邘、晋、应、韩，武

之穆也。凡、蒋、邢、茅、胙、祭，周公之胤也。"可见周公
分封的大大小小的国家，数不在少。另外在封国内普遍推行
井田制，将土地统一规划，巩固和加强了周王朝的经济基础。

在"分封建国""以藩屏周"的明确目的前提下，周王朝

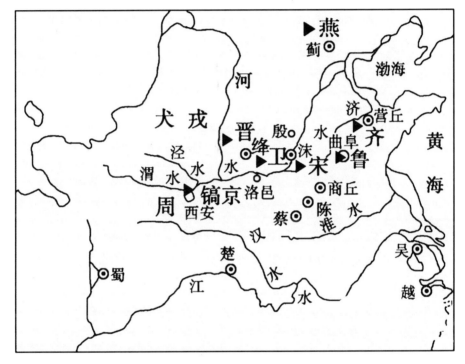

西周初年分封图

分封了众多侯国，完成了地方一级政权的建设；再由侯国以
下逐次赐封，逐渐形成二级政权及基层政权的建设，最终形
成了以王室为中枢、以侯国为骨干、以基层为基础的政治管
理体制，达到天下一统而又井然有序。为使权利职责更加明
确，又辅之以公、侯、伯、子、男五等爵制；此外又明确规
定了各封国对王室应尽的义务及其所享有的职分特权，如对

侯国军制的大小予以严格限定等。这些思想及其由此形成实施的相关制度，促使周代国家形态比商代又前进了一大步，诚如王国维《殷周制度论》所言："天子之尊，非复诸侯之长而为诸侯之君。"因而才有周人在《诗经·北山》中的豪迈宣告："溥天之下，莫非王土；率土之滨，莫非王臣。"正是在周公正确思想的引导、呕心沥血的筹谋下，井然有序的管理才得以实现，使西周成为我国历史上第一个真正意义上的统一国家。

二、制礼作乐

礼乐文化是中国五千年文化史上出现的第一个完备的文化形态，而周公是礼乐文化最重要的创造者。

中国古代的"礼"和"乐"来源于原始的崇拜和禁忌，其产生的时间可以追溯到远古时期，它是原始初民在日常的衣食住行中形成的风俗习惯，所谓"夫礼之初，始诸饮食"。同时，也和对自然万物崇拜、祖先崇拜有密切的关系，其贡献的礼品、击土鼓而作乐，便是最早的礼乐仪式。到了传说中的五帝时期，虽然帝王的领袖地位和递相禅让产生了"礼"的意识，但是礼的制度还未产生。夏朝是我国正式进入文明时代的起点，"天下为家，各亲其亲"，于是"大人世及以为礼""礼义以为纪"，礼仪制度逐渐建立起来。礼乐的内容由原始的自然崇拜和图腾崇拜转化为英雄崇拜和祖先崇拜。商代的礼法已经相当细密，礼器的种类和精美程度似已到了无以复加的地步。殷人崇尚鬼神，所谓殷礼，主要是通过礼器与牲酒来表达对鬼神的敬意，而作为中华礼仪核心的人文精神尚未形成。真正使宗教性礼乐让位于政治性礼乐，把礼乐由神坛引入人间的是西周王朝。

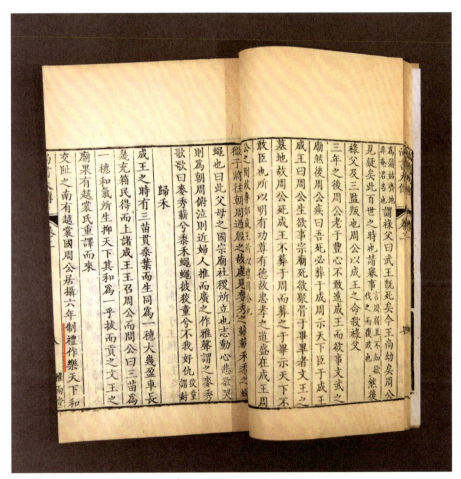

《尚书大传》中关于周公"制礼作乐"的记载

周人灭商后所面临的主要问题，并不是如何恢复殷商的神鬼信仰，而是如何以周族极少的人口和较低的文明程度来统治广袤的中原大地和文明程度已相当发达的殷商国土。他们面临的是如何处理好人与人之间的政治关系，而不是人与神鬼之间的宗教关系。殷人最迷信天命，对鬼神的礼拜也不遗余力，但是居然一朝覆亡，证明天命无常，"不敬其德"才是殷人亡国的主要原因。作为古代中国最为杰出的政治家，周公提出了"明德慎罚"的治国纲领，对民众要倡明德性，慎用刑罚。国家的长治久安，要靠人性化的政策，要靠道德来赢得民心。为了保证这一理念的实施，他制订了一系列典章制度，包括政治制度、道德标准和行为准则等，史称"周公制礼作乐"。所谓制礼作乐，是指周公在周初对各种典章制度及文化教育诸方面的建树。它的基本特点是，以礼为社会秩序的基础和核心，明贵贱，辨等级，正名分，一切人和事都要遵循礼的规范和准则。乐，通常与礼相配合，行什么样的礼，配什么样的乐。礼乐配合，展示了一个伟大的成熟的文明所拥有的和谐与典雅。

《尚书大传》说"周公摄政""六年制礼作乐"。《左传·文公十八年》记："先君周公制周礼，曰：则以观德，德以处事。"在礼乐文明形成的过程中，周公是一个重要的人物。他制礼作乐，不仅将远古至殷商的礼乐加以改造和发展，形成系统化的典章制度和行为规范，而且注入"德"的因素，使其具有道德伦理的深刻内涵。

周公制礼作乐，其基本的指导思想是"敬德保民"。这就是周公的德治思想，这一思想是在周公对殷周之际天命观的改造中提出来的，周朝之前的天命观，是神本主义的，殷商的帝王们认为他们是上帝这个至上神的"元子"。他们受命于上帝管理天下，上帝对他们的信用是永久的，不因自己的德行好坏而改变。那时，至上神是上帝，而不叫"天"，到了周初，由于周的统治者已亲历了汤武革命的过程，感受到了孕育在下层人民中的力量，开始把君权天授和王者之德联系起来。"德"在周公思想中占有重要的位置。这里的"德"是处事得宜的意思，主要包括敬天、孝祖、保民三项内容，运用在政治上就是要求明察和宽厚。周公反复说明，周人取代殷人受命，是修德所致。文王"明德慎罚"，缔造了周国，武王效法文王努力奉行宽厚的大德，得到天的欢心，才得以代殷受命。只有继续推行德政，才能维持天命不坠。在《尚书》一书中，保留着多篇周公训诫臣下的文诰，周公以道德建设为主旨，提出了勤政、无逸、戒酒、孝友等德目，要求臣下恪守。其中有些语句，今日读来依然觉得非常亲切。例如《酒诰》篇要求臣下"无于水鉴，当于民鉴。"古人把镜子叫"鉴"，这句话是说不要把水当镜子，而要把民众的反应，当作检验自己为政得失的镜子。再如《康诰》说，对待民众要"若保赤子"，不要随意"刑人杀人""劓刵人"。赤子指婴儿，要像保护婴儿那样保护民众；劓是割去鼻子，刵是割去耳朵，两者都是古代的酷刑，不要像纣王那样滥杀无辜。又如《无逸》篇，要求臣下懂得"稼穑之艰难"，体恤小民生活的不易，不要一味耽于田猎和游乐。孔子在《论语·为政》篇，开篇就是"为政以德"。说："道之以政，齐之以刑，民免而无耻；道之以德，齐之以礼，有耻且格。"整部《论语》从头至尾都贯彻着周公的德治思想，德字出现了 40 次。周公认为要搞好德治，统治者就必须保民、勤政、用贤、以身作则等。孔子发展了周公的这些思想，认为道德的核心就是仁，《论语·颜渊》篇说"仁者爱人"。又说："克己复礼为仁。"并提出要从各方面爱民、富民、教民。至于统治者本身更应起表率作用，"政者，正也。子帅以正，孰敢不正？"要正人，必先正己。

德治思想需要一个体现的方式，这就是周公的制礼作乐。《礼记·明堂位》中说："武王崩，成王幼弱，周公践天子之位以治天下。六年，朝诸侯于明堂，制礼作乐，颁度量，而天下大服。"制礼作乐，是周公对中国文化的莫大贡献。所以，近代著名历史学家夏曾佑先生说："孔子之前，黄帝之后，与中国大有关系者，周公一人而已。"从中国文化的角度看，周公制礼作乐，借鉴于夏商二代，有所选择，有所发展，把夏、商、周三代礼乐文化推向了发展顶峰。所以孔子由衷地赞叹："周监于二代，郁郁乎文哉，吾从周。"正因为周公制礼作乐，对礼乐文化的发展有特殊贡献，孔子对他心仪已久，竟以不复梦见周公为憾事。

就《周礼》的内容来看，概括讲，主要分为"礼义"和"礼仪"两个方面：

《周礼》书影
（现藏于孔子博物馆）

礼义是指抽象的礼的道德准则，它是礼的深层内涵。周代礼乐的制订乃是为了规范人们的社会行为，礼乐的制定者希望它能真正起到使社会有序的作用。为此，他要求人们自觉地遵守礼制，按照礼的要求行事，而不是只停留在礼的表面形式上。周代的人们已经认识到了这一点，他们认为："先王之立礼也，有本有文。忠信，礼之本也；义理，礼之文也。"

《礼记》书影
（现藏于孔子博物馆）

是故"治国不以礼，犹无耜而耕也；为礼不本于义，犹耕而弗种也"。礼之有义使礼所以区别于法，礼与法的不同，在于它对人们社会活动的规范作用主要不是由外力强制约束，而是靠内力，即所谓自身修养，以道德自律。"薄于德，与礼虚"，为此，统治者制出了诸如忠、孝、仁、义等道德戒律，以此作为礼的标准。周礼有所谓"十义"，即父慈、子孝、兄良、弟恭、夫义、妇听、长慧、幼顺、君仁、臣忠，以作为人们的行为准则，要求"为人君止于仁，为人臣止于敬，为人子止于孝，为人父止于慈，与国人交止于信"，这些道德名词虽然古已有之，但在周礼又有了不同的份量。周礼重亲亲，而后及于尊尊；先父慈与子孝，而后才有君仁与臣忠。由孝而推论及忠，由人伦推及君臣，这使周礼相对而言有了浓厚的人情味。

礼仪也就是具体的礼节。西周礼乐制度在保留事神礼仪的同时，扩展了礼仪的事项，扩充了礼仪的内容，使社会的政治关系、等级秩序、道德伦理、思想感情等内容都体现为礼节仪项，使礼仪充斥于意识形态和社会生活的各个领域。周人将礼分为"吉、凶、军、宾、嘉"五种仪制，其中除吉礼仍为事神礼仪外，其它四种均与现实社会生活相关。这五种仪制又被分为"冠、婚、朝、聘、丧、祭、宾主、乡饮酒、军旅"九种礼事，各种礼事又有具体的仪项和繁缛的仪节。并且，大部分礼仪都有相应的音乐配合，不同的社会等级均有不同的乐队规模和用乐范围的严格规定，这些规定成为统治阶级各阶层必须遵守的制度。

吉礼，就是祭祀的典礼。古代认为祭祀是"国之大事"，故而把吉礼列为五礼之首。当时的祭祀种类繁多，《周礼》书里开列的有对上帝、日月星辰、司中司命、风师雨师、社稷、五祀、五岳、山林川泽以及四方百物的祀典，都属于吉礼。

凶礼，一般指丧葬。但是依《周礼》所载，除丧事外，凶礼还包括对天灾人祸的哀吊。比如饥馑、战败、寇乱，当时都要有哀悼的仪式，也应列入凶礼。

军礼，主要指战事。还包括若干需要动员大量人力的活动，如田猎、建造城邑等。古代大规模狩猎，常常是依军事行动进行的，实际起训练和检阅武力的作用，所以军礼包括田猎是很自然的。

宾礼，指诸侯对王朝的朝见、各诸侯之间的聘问和会盟等。这在实行分封制的周代，出现得相当频繁，如《春秋会要》所记，有朝聘周王、王聘诸侯、锡命、公朝大国、大夫出聘或来聘及诸侯间的会、盟、遇等类事例。

嘉礼，包括婚礼、冠礼、飨燕、立储等。其中的冠礼，是古代男子到 20 岁时一定要举行的一种成年礼。据《周礼》所述，在上述各项外，诸侯间的庆贺、朋友间的宾射，也都属于嘉礼。

从上述五礼可以看出，周代所谓的礼，不仅是社会生活中的规定和仪式，还包括国家政治制度在内。从种种史实考察，在当时礼和法律、官制之间并没有明确的界限，许多政治、法律方面的规定都见于礼的内容。周代礼制看似繁复，实际其内部有一以贯之的精神，那就是道德理念。王国维先生在《殷周制度论》中说："殷周之兴亡，乃有德与无德之兴亡。"周公用以纲纪天下的宗旨，是要"纳上下于道德，而合天子、诸侯、卿大夫、士、庶民以成一道德之团体，周公制作之本意，实在于此"，这是对西周礼制特点最为精辟的总结。周代的所有礼制，或者说是典则、仪则，都必须按照道德要求来制定，都必须反映道德精神。为此，政治家也都将礼作为道德判据，当时的许多政治家论礼的言论，几乎都将礼与德、仁、义、忠、信等相联系，甚至视之为"天经""地义"的同义词、治国的大经大法，不可须臾或离。《左传》中相关的记载比比皆是，如"齐侯、卫侯不敬，叔向曰：'会朝，礼之经也；礼，政之舆也；政，身之守也。怠礼，失政；失政，不立，是以乱也。'"（襄公二十一年）"孟献子曰：'郤氏其亡乎！礼，身之干也；敬，身之基也。'"（成公十三年）"孟僖子办学，告诫学生曰：'礼，人之干也。无礼，无以立。'"（昭公七年）"子大叔见赵简子，简子问揖让周旋之礼焉。对曰：'是仪也，非礼也。'简子曰：'敢问何谓礼？'对曰：吉也闻诸先大夫子产曰：'夫礼，天之经也，地之义也，民之行也。'"（昭公二十五年）《左传》中还每每用"礼也""非礼也"为鉴定典制是否合理的最经典判词。

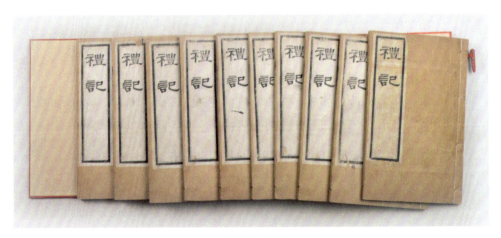

《礼记》书影
（现藏于孔子博物馆）

　　"乐"，可以教化人心，具有谐和社会的作用，这是古人得出来的一个结论。"大乐与天地同和，大礼与天地同节。"（《礼记·乐记》）。"乐"在周之前也已有不少歌舞产生，《庄子·天下》说："黄帝有《咸池》，尧有《大章》，舜有《大韶》，禹有《大夏》。"到了周代，"乐"的内容不断丰富，形成了相应的制度。周公把《大韶》及《云门》《大章》《大夏》《大濩》经过加工整理，加上新创的《大武》，定为"六代乐舞"。周代还设有专门的机构"春官"规范和管理乐舞，并在春官下设大司乐授"乐"，教国子"乐德""乐语"和"乐舞"（《周礼·春官》）。在乐器上则表现为种类繁多，如金、石、土、革、丝、木、匏、竹等"八音"。音乐的等级制度更突出地体现在对乐队、乐器的使用规格、乐舞队列的规模大小、用乐的选择、用乐的场合等一系列的规定上。

　　就音乐而言，周朝统治者对音乐的社会功能已有相当的认识，他们把乐和礼紧密地结合起来，作为维持社会秩序、巩固王朝统治的有效手段。与社会政治制度相适应，周王室制定了一整套音乐的等级制度，从社会心理学的角度来规范制约群体与个人的行为和思想，从而强化王权统治。这种音乐等级制度，在乐学思想上就有反应，如："夫宫，音之主也。"（《国语·周语》）

　　古人认为，"礼"是人的道德、伦理、修养的体现；"乐"是人的情感、思想、欲念的表现。将人的道德、伦理、修养和情感、思想、欲念这些抽象的、内在的、无形的东西外化为有形的"礼"（礼仪）和"乐"（音乐），也就是将无形有形化，将抽象具象化，将意识形态化。"乐者，天地之和也。礼者，天地之序也。"（《礼记·乐记》）秩序与和谐是礼乐文明的主旨。《乐记》说："乐者为同，礼者为异。"是说乐的作用在于协调上下，礼的作用在于区别次序。然而，礼和乐虽有形式、功用上的不同，但却是相辅相成的。在远古传统中，"礼"即人文，是涵盖一切，包括"乐"在内的。到了周代，礼、乐虽各有制度，但是"乐"毕竟仍是礼制的一个方面，"乐"的"和"也是为实现"礼"而辅助、服从于"礼"的。《乐记》说人受外物的引诱会丧失天性，产生贪婪、残暴、欺诈等邪念，于是先王制礼乐，用以调节人心。"礼节民心，乐和民声"，就是用"乐"之"和"，弥合"礼"之"分"所造成的心理差距。孔子等儒家常将"礼""乐"相提并论，就是因二者之结合，能起到平衡与调和的作用。

周公制礼作乐具有十分重要的意义，它标志着周王朝的统治正式走向了正轨，对西周社会的稳定和繁荣起到了重要作用。

三、后世影响

周公的影响

作为周初杰出的政治家、思想家、军事家，周公不仅在周朝灭商、稳固周朝的统治中起了极为重要的作用，更对此后几千年的中国社会产生了极其深刻的影响。周公之所以对后世影响巨大，是周公系统地提出了他的德治思想。由他所提出的德治思想，开启了此后的三千年中国文明历史，礼乐文化直接孕育了儒家文化，儒家文化则在西汉武帝时代一跃成为中国文化的主流，这就是后来儒家思想的渊源。周公的贡献在于他在中国文化精神的塑形阶段，通过制礼作乐，构建了西周的政治文化，奠定了西周的国家制度，他是儒家文化的奠基人。

更为重要的是，周公以其个人魅力和他所开创的事业，极大地影响了数百年之后的另一个伟人孔子，周公所遗留的文化遗产成为孔子和儒家思想的主要资源，因而周公也是中国历史上有史可考的第一位大思想家和大哲学家。孔子推崇

《孔子圣迹图》——观周名堂

周公，向往周公的事业，盛赞周公之才，赞叹"周公之才之美""甚矣，吾衰也久矣！吾不复梦见周公"。孟子首称周公为"古圣人"，将周公与孔子并论，足见尊崇之甚。荀子以周公为大儒，在《儒效》篇中赞颂了周公的德才。汉朝的刘歆、王莽将《周官》改名《周礼》，认为是周公所作，是其致西周于太平盛世之业绩，将周公的地位驾于孔子之上。唐朝的韩愈为辟佛老之说，大力宣扬儒家道统，提出尧、舜、禹、汤、

文、武、周公、孔子、孟子的统序。自此以后，人们常以周孔并称，言孔子必及周公，是古代尊崇周公的反映。这种尊崇除了政治上的某种需要之外，其主要方面则反映了古人对西周优秀文化的珍视，以及对周公这位伟人的真诚敬仰。正如近代学者杨向奎所说："没有周公，就不会有武王灭殷后的一统天下；没有周公，就不会有传世的礼乐文明；没有周公，就没有儒家的历史渊源；没有儒家，中国传统的文明可能是另一种精神状态。"（《宗周社会与礼乐文明》）

鲁国与历代鲁君

鲁国，先秦时期姬姓封国，是西周重要的诸侯国。商末时期，这里是东夷部落奄国的所在地。据史料记载，"奄在（曲阜）县东二里，仍在古城内也"。鲁国初封之时不过"方百里"，经过西周时期的经营，逐步成为方圆二三百里的大国。

周公封鲁，伯禽立国，筑鲁都城，距今已有三千多年的历史。《史记·鲁周公世家》载，周武王灭商后，"封周公旦于少昊之虚曲阜，是为鲁公"。成王时，周公长子伯禽就封于鲁。《括地志》云：

1940年左右拍摄的周公庙元圣殿伯禽塑像照片
（曲阜收藏家提供）

"曲阜县外城即鲁公伯禽所筑古鲁城也。"一般认为，鲁故城的格局基本上同《周礼·考工记》所记载的营国制度相吻合，"左祖右社，前朝后市，市朝一夫"。鲁国故城是西周诸侯国都城的样板。周公因在兴周灭商、辅佐成王和创立周代礼乐制度方面功勋卓著，受到周王朝的极大尊崇，周公及其后裔的封国鲁国在周代诸侯国中也就具有了特殊的地位，其等级待遇高于其他诸侯国，仅次于周王室。正是因为这个缘故，在诸侯国都城中，鲁国都城的等级和形态也最接近于周王朝都城，为其他诸侯国所效法。直到战国时期，商鞅变法，营建新都咸阳，仍"大筑翼阙，营如鲁卫"，可以想见鲁国都城在当时的影响力。

鲁顷公二十四年（前249），楚国灭鲁，顷公被迁往卞邑（今山东泗水东），夷为平民，后来死在柯（今山东阳谷县东阿镇）。鲁国自西周初年至此约八百年的祭祀就此断绝。鲁国历经约八百年，传国三十四君。列次为：

（一）鲁公伯禽，周公长子，在位46年。有三子：考公酋、炀公熙、公子鱼。

（二）考公姬酋，伯禽长子，在位4年。无子。

（三）炀公姬熙，伯禽次子，考公之弟，在位6年。有子二人：幽公宰、魏公沸。

（四）幽公姬宰，炀公长子，在位14年，为其弟沸所杀。

（五）魏公姬沸，炀公次子。幽公之弟。杀幽公而自立，在位50年。有子二人：历公擢、献公具。

（六）历公姬擢，魏公长子，在位37年。

（七）献公姬具，魏公次子，历公之弟。以兄卒，鲁人立为君，在位32年。有子二人：真公濞、武公敖。

（八）真公姬濞，献公长子，在位 30 年。

（九）武公姬敖，献公次子，真公之弟，在位 6 年。

（十）懿公姬戏，武公次子。为其兄括之子伯御攻弑，伯御自立。

（十一）废公姬伯御，武公长子括之子，周宣王二十一年（前 807）弑懿公而自立，在位 11 年，周宣王三十二年（前 796），周宣王伐鲁而杀伯御，立武公少子称为君。

（十二）孝公姬称，武公少子，在位 27 年

（十三）惠公姬弗涅，孝公子，在位 46 年。有子息、允。

（十四）隐公姬息，惠公长庶子，在位 11 年。

（十五）桓公姬允，惠公嫡子，在位 18 年。

（十六）庄公姬同，桓公子，在位 32 年。有三子：太子般、公子启、公子申。太子般嗣立，为公子庆父弑戮。

（十七）闵公姬启，庄公少子。在位 2 年，为公子庆父弑杀。

（十八）僖公姬申，庄公长庶子，闵公庶兄，在位 33 年。

（十九）文公姬兴，僖公子，在位 18 年。有子恶、视、绥。

（二十）宣公姬绥，文公庶子，在位 18 年。

（二十一）成公姬黑肱，宣公子，在位 18 年。

（二十二）襄公姬午，成公子，在位 31 年。有太子野，庶子裯。太子野嗣立，三月卒，庶子公子裯嗣立。

（二十三）昭公姬裯，襄公庶子，在位 29 年。

（二十四）定公姬宋，襄公庶子，昭公之弟，在位 15 年。

（二十五）哀公姬将，定公子，在位 27 年。

（二十六）悼公姬宁，哀公子，在位 37 年。

（二十七）元公姬嘉，悼公子，在位 21 年。

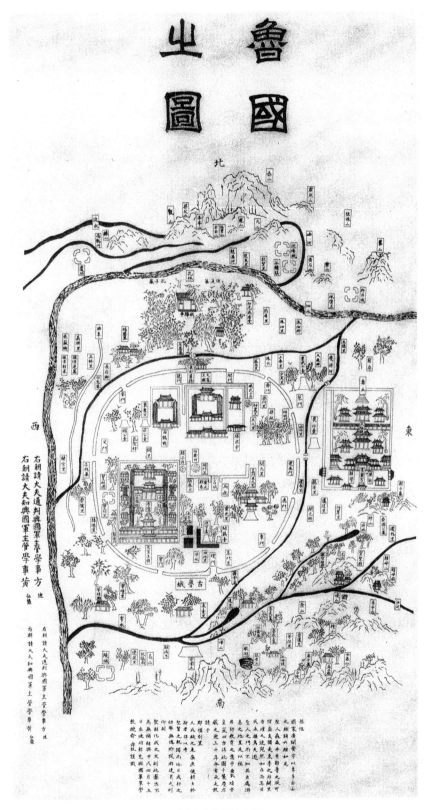

宋版《鲁国之图》

（此据藏于国家图书馆的《鲁国之图》拓片处理而成）

（二十八）穆公姬显，元公子，在位 33 年。

（二十九）共公姬奋，穆公子，在位 22 年。

（三十）康公姬屯，共公子，在位 9 年。

（三十一）景公姬匽，康公子，在位 29 年。

（三十二）平公姬叔，景公子，在位 22 年。

（三十三）缗公姬贾，平公子，在位 23 年。

（三十四）顷公姬雠，文公子，在位 24 年。

周礼尽在鲁

周礼由周王室制订，在具体实施时，各诸侯国一般是各取其需，因地制宜。在周代的众多邦国中，鲁国因为是周公之子伯禽的封国，又是姬姓"宗邦"、诸侯"望国"，故始终不忘"法则周公"，祖述先王之训，成为典型周礼的保存者和实施者，史称"周礼尽在鲁矣"。

周公制礼作乐，鲁国作为周公的封国，其所行之礼就是周礼，鲁礼实际上就是典型的周礼。鲁礼对于周礼的直接继承关系，是由鲁国的特殊封国性质决定的。鲁国建国之地曲阜乃是殷商势力较为顽固的地区，周公之子伯禽代父就封鲁国时，就试图把鲁国建成宗周模式的东方据点。此外，鲁国在周代各诸侯国中，地位非同一般，既在各诸侯国的位次排列顺序上居于首位，《国语·鲁语上》明确记载"鲁之班长"，又享有其他诸侯国不敢奢望的特权：祭祀周公时可以用天子礼乐。要知道周代礼乐有着严格的等级性规定，天子有天子之礼乐，诸侯有诸侯之礼乐，大夫有大夫之礼乐，是决不可以僭越的。鲁国既有行天子之礼的特权，则鲁人自不能忘祖述先王之训，追忆周公之礼，在行为上循礼而动也是十分自然的事情。鲁国正是周公推行周代礼乐的中心。

　　鲁国所处的地理环境客观上也要求鲁国推行周代的礼乐制度。鲁国适宜于农耕的地理环境使鲁人表现出明显的重视农业的特点。鲁人的这种经济特点与周人的重农传统是相应的。农业是周族兴盛的根本，周人有崇尚农业的传统，而鲁人对这一传统又加以继承和发扬光大。

　　在周代的宗法制度下，"尊祖"和"敬宗"是其基本信条，人们依照与周王的血缘亲疏以及嫡庶、长幼等关系，确立起贵族之间的贵贱、大小、上下等各种等级差异，从而形成确立伦理规范和行为准则的具体名分。这种要求，在游移不定的畜牧或以工商活动为主的人们中间是谈不上的，只有在稳定的定居农业区域才得以确立。西周正是这样一种典型的宗法农业社会，在这个社会中，划分成若干等级的人们必须和谐地相处于同一社会群体中。周代先王就是根据这种需要制礼作乐的。鲁国既然继承了周人的重农传统，那客观上也要求文化上的重礼以与之相适应。

　　这样，各种条件的结合，使鲁国成为了典型的周代礼乐的保存者和实施者。鲁昭公二年（前540），晋国的韩宣子到鲁国聘问时，观书于太史氏，见《易》《象》与《鲁春秋》后说："周礼尽在鲁矣，吾乃今知周公之德与周之所以王也。"（《左传·昭公二年》）此时已是春秋后期，鲁国对周礼的保存仍令他国的人由衷感慨，而春秋时期甚至有"诸侯宋、鲁，于是观礼"的说法。宋为殷后，其所保存的自是殷礼，鲁国保存的当然是周礼，成为各国诸侯学习周礼的去处。

　　当然，"周礼尽在鲁"并不完全排斥其他礼俗在鲁国仍有保留。鲁地原居民是"商奄之民"，立国之初又分有"殷民六族"。"商奄之民"和"殷民六族"，是鲁国的"国人"，他们的社祭之所称为"亳社"。鲁国的姬姓贵族，则是西来的周人，他们是殖民者和统治者，其社祭之所称作"周社"。春秋末年，阳虎发动政变，曾经"盟公及三桓于周社，盟国人于亳社"（《左传·定公六年》）。与贵族在周社盟誓，与国人在亳社盟誓，亳社、周社的地位几乎同等重要，所以鲁国人喜欢用"间于两社"来比喻执政大臣。鲁国的商奄之民和殷遗民作为"国人"，为数众多，聚族而居，他们自然不会放弃自己的文化传统。20世纪70年代发掘的鲁国故城两周墓葬，明显地可以分为甲乙两组，其中甲组墓是当地土著"商奄之民"的墓，"从西周初年至少一直延续到春秋晚期，这个事实说明当地民族固有的社会风尚曾牢固地、长期地存在着，并经历了自己发展变化的过程。"（《曲阜鲁国故城》），不过，鲁国虽有其他礼俗存在，但却都处在周礼乐的从属地位。

正殿陈设图

帛

帛用篚盛

爵

爵　登　太羹

铏　和羹

豆八　　　篮　　　簠

芹菹　笋菹　菁菹　韭菹　稻　黍　糁盐　枣　榛　菱

鱼醢　兔醢　鹿醢　醓醢　梁　稷　蘱蜃　栗　芡　鹿脯

盛置於前　牛豕用牲匣各

豕　　　　羊

豕烛　　　香　　　羊烛

祭祀是一种事鬼敬神的社会活动，有固定的程式，体现人们的宗教意识。"国之大事，在祀与戎"，中国古代社会中，祭祀始终被当做国家政治生活中的一件头等大事，也一直是国家机器的重要职能。上古时祭祀活动已相当普遍，祭祀制度到了周代已十分完备。周公去世后，历代帝王奉周公为圣人，对周公进行祭祀。根据文献记载和历代礼制的规定，周公祀典大致可分为正祭和告祭两大类。正祭为常设固定之祭，从历史来看，传统上的四丁祭、生辰祭祀等皆属此类。而告祭亦曰"因祭"，即因事而祭，为正祭以外的临时性祭祀，诸如历代帝王亲谒周公庙祭祀、朝廷因事遣官致祭等多种情况。

一、古代祭祀

自春秋以来，周公被历代统治者和学者奉为圣人。后世帝王对周公备加尊崇。汉代，周公即祀于学宫，列入国家祀典，被尊为"先圣"，孔子为配享。晋、宋、梁、陈及隋，以孔子为先圣，颜回为先师。唐武德二年（619），于国学立周公庙、孔子庙。七年（624），唐高祖行释奠礼，以周公为先圣，孔子配。贞观二年（628），房玄龄等建议，停周公，以孔子为先圣，以颜回为配享。但贞观之制未久行，至唐高宗永徽年间又复为武德旧制。至显庆二年（657），太尉长孙无忌等奏："成王年幼，周公践极，制礼作乐，功比帝王……合同王者祀之，儒官就享，实贬其功。仲尼生衰周之末，拯文丧之弊，祖述尧舜，宪章文武，弘圣教于六经，阐儒风于千世，故孟轲称生民以来一人而已。"最后别祀周公，使之配享武王，升孔子为先圣，以颜回配享。唐武则天天授元年 (690) 追封为"褒德王"，受祀于两京（京师、东都）。北宋大中祥符元年（1008），宋真宗赵恒东封过曲阜，亲拜周公于鲁太庙旧址，追封周公为"元圣文宪王"，诏令于太庙旧址重建周公庙，亦称文宪王庙，岁时奉祀。明成化二十二年（1486），下诏颁降祝文，令曲阜县官每岁以春秋仲月致祭，乃置洒扫庙户；弘治十三年（1500），访得东野禄为周公 69 代孙，遂令其管理春秋祭祀；正德十三年（1518），开始设置祭田、祭器等；嘉靖三年（1524）和万历元年（1573），又颁降祝文、定庙制。清世祖曾议立传圣祠，以行祀礼，但不久停止。清康熙二十三年（1684），圣祖遣亲王及礼部尚书往祭，亲制祝文，行三献礼。祭品为羊、猪各一，果五盘，尊一，爵三。赐东野沛然翰林院五经博士世袭，并命其修庙，赐祭田、庙户。康熙二十六年（1687），御制"曲阜周公庙碑"。乾隆十二年（1747）高宗东巡，再遣亲王及礼部尚书行祀，祭品增登一，铏、簋、簠各二，笾、豆各八。以鲁班公配享。乾隆十三年（1748）高宗再巡曲阜，亲至周公庙上香，行一跪三拜礼。乾隆三十六年（1771），皇帝东巡幸周公庙，拈香颁赐铜供器五，遣简亲王祭告周公。清圣祖玄烨、高宗弘历多次亲临祭奠叩拜周公，并授东野氏为袭封翰林院五经博士，以主奉周公庙祀事。

清乾隆十三年遣和亲王祭周公祝文

惟公生本笃仁，业隆制作，达孝树人伦之极；继述无怼，精忠尽臣职之常；勤施不愧，阐六爻之奥仪；道洩图书，立万世之经纶；治垂官礼，忠厚开基于东鲁。典则犹存，仪型入梦于尼山；斯文未坠，允合尊崇于亿载。诚宜昭报于千秋往年。皇祖东巡，虔申祀事，恩加后裔，典礼弥光。朕仰绍前徽，省方莅止，羹墙可接，弥深赤舄之思，松楠遥瞻，倍切衮衣之慕。特申祇告，代以亲臣，惟冀神灵，尚其歆飨。

注：清乾隆十三年（1748）二月，皇帝驾幸阙里。遣和亲王祭周公庙。

清乾隆十六年遣富森祭周公祝文

惟公道隆继述，业赞文明，损益夏殷，成德赖勤劳之绩，觐扬文武迪光，归材艺之姿。书述三宗，识民依于稼穑，诗歌七月，陈王业于农桑。开万祀之太平，享千秋之美报。兹朕稽古南巡，道经东鲁。缅怀赤舄，咏狼跋于前徽；尚想衮衣，慕鸿飞于曩烈。诗遗墟而不远，瞻庙貌以非遥。特勒有司，恪修祀事，庶其昭鉴，妥此明禋。

注：乾隆十六年（1751）二月，皇帝南巡。遣通政使富森祭告周公、孔子庙。

清乾隆二十二年遣秦蕙田祭周公祝文

惟公道缵三王，功敷四国，仰思待旦，勤劳端赤舄之容，旁作迳衡，忠孝发金縢之册。系辞二象，善述西郊，制礼六官，独推冢宰，所其无逸，陈皇德于民功，迄用有成。觐文光于天命，懋昭自昔，美报于今。朕时迈南邦，道遵东国，歌鳟鲐于九毚，尚想衮衣，奠柜鬯以二卤。聿昭元祀，稽于祭典，特命专官，格予馨香，神其歆鉴。

注：清高宗乾隆二十二年（1757）春正月，皇帝圣驾南巡。遣工部尚书秦蕙田祭告周公庙。

清乾隆二十七年遣介福祭周公祝文

惟公运翊成周，望隆家相。豳风七月，溯积累仁厚之基。周礼六官，昭黼黻升平之绩。念民依于稼穑，无逸陈书，揭理奥于天人。爻辞衍象，本扬烈觐光之义，备治功道法之全。朕时迈南邦，路经东国，龟蒙凫绎，缅遗迹以犹新。赤舄绣裳，溯风流而宛在，爰稽祀典，特遣专官，用荐馨香，尚希昭格。

注：清乾隆二十七年（1762）辛酉，皇帝南巡至阙里，遣礼部右侍郎介福祭告少昊陵、周公庙、孔子庙。

清乾隆三十年遣双庆祭周公祝文

惟公任重懿亲，道隆辅相，诗歌入告，陈祖功宗德之留。遣官礼成，书备国治民生之至计，翊兴周于丰镐。政治彤庭，受封鲁之山川，祥开青社。朕每因巡莅，特举明禋。兹四省于南邦，爰再经乎东国，采风问俗，今时之礼乐，犹崇扬烈觐光，昔日之谋猷俱在载。展馨香之荐，用申秩祀之诚，特遣专官，尚希歆格。

注：清乾隆三十年（1765）春正月壬戌，圣驾南巡，谕衍圣公孔昭焕制服未满不必易服来迎，颁夹钟、南吕、两律镈钟、特磬各一簴于阙里孔子庙。二月丁丑，遣礼部右侍郎双庆祭告周公庙、孔子庙。

二、祭器及祭品

祭器是祭祀时所陈设的各种器具。祭品，顾名思义就是祭祀时用的物品。在古代祭祀活动中，由于祭祀者和祭祀对象不同，所用祭品和祭器的规格也有所区别，明吕兆祥撰《东野志》对周公庙祭器、祭品及祭品制作方法有详细记载，现摘录如下。

祭器

簠、簋，皆盛黍稷器，簠方簋圆，两旁有纽，上覆以盖，簠盛黍稷，簋盛稻粱。我周饰以金玉，后世范金为之。

牺尊，牺牛形，取其牺牲享食之意。范金为之，穴背受酒，于腹上覆以盖，用贮终献酒。

象尊，取形于象，以明乎夏德而已，夏者，假也，万物之所由而化也。范金为之，穴背受酒，上覆以盖，用贮亚献酒。

罍，其器乃佐尊者也。

洗，所以盥也，临事而盥，盖致肃恭之义。洗，受弃水恶污地也。

爵，按礼书，禽小者名爵，共义取小者为贵。

坫，置爵，亦承爵，陆氏曰："古者，爵有承盘，坫是已。"

罍　洗

爵　坫

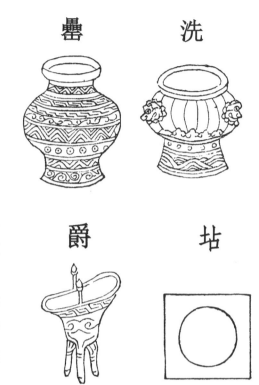

勺，刻首为龙，夏制也，古以匏，后世范金为之。

勺

笾豆，笾，古今皆竹制，惟豆制不同。夏，楬豆；殷，玉豆；周，献豆；今，以木为之。

俎，《明堂位》曰：周以房俎。郑注云：房足下柎也。

篚，竹为之，古用篚不一，以奠尊，以承食膳，以置玉币，今单以承币。

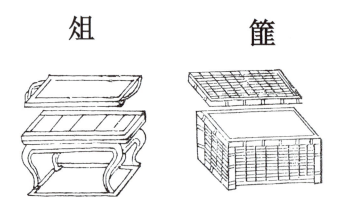

祭品

香烛 酒 羊 豕 鹿

束帛，正殿用绫，余用绢练，白色，长一丈八尺。

太羹，实于登。和羹，实于铏。黍、稷，以上实于簠。

稻、粱，以上实于簠。形盐、藁鱼、枣、栗、榛、菱、芡、鹿脯、黑饼、白饼，以上实于笾。

韭菹、菁菹、芹菹、笋菹、醓醢、鹿醢、兔醢、鱼醢，以上实于豆。

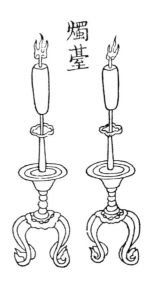

燭臺

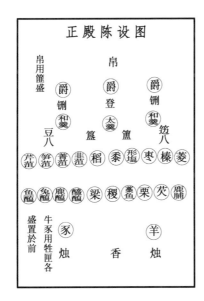

正殿陈设图

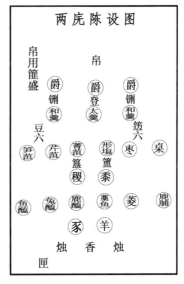

两庑陈设图

祭品制作方法

太羹，用淡牛肉汁，如无，以羊肉汁代之。

和羹，用猪脊膂肉，切薄片，滚汤焯过，漉起，然后用盐、酱、醋拌匀，腰于切荔棱形盖面，临登用淡牛肉热汁浇上。

黍，用黍米拣过完洁，滚汤捞起，只如捞饭法制造。

稷，用稷米拣过完洁，滚汤捞起，只如捞饭法制造。

稻，用白粳米拣过完洁，滚汤捞起，如常饭法。

梁，用粟米拣过完洁，滚汤捞起，亦如常饭法。

形盐，用筛过洁净白盐。

藁鱼，用白鱼一尾，大者约一斤，小者十二两，以白盐少许腌过，晒干。临用时，温水洗净，酒浸臣时。

枣，用胶枣或红鲜枣皆可用，须拣过洁净者。

栗，用大栗拣过好者，如无，以核桃、荔枝、龙眼代之。

榛，以榛子拣过洁净，如无，以核桃、荔枝、龙眼代之。

菱，用菱米或鲜菱，须拣过洁净者。

芡，即鸡头实，拣过洁净。

鹿脯，用活鹿一只，宰取肉一块，如无，龟瘴代之。

黑饼，用荞麦面造，内用砂糖为馅，印作员龙饼子。

白饼，用小麦面造，亦如前法。

韭菹，用拣过生韭，切去本末，取中三寸淡用。如无时，用其根亦可。

醓醢，用猪膂肉，细切小方块，用盐、酒、葱、花椒、莳萝、茴香拌作酢。

菁菹，用拣过菁菜，略经沸汤，切作长片淡用。

鹿醢，用鹿肉，切作小方块，用油、盐、葱、花椒、莳萝、茴香拌匀作酢。

芹菹，用洁净生芹菜，切作长段，如无，用其根亦可。

兔醢，用活兔宰取肉，切作小方块，用油、盐、葱、花椒、莳萝、茴香拌匀作酢。

笋菹，用洁净干笋煮过，以水洗净，切作长片淡用。

　　鱼醢，用活鱼，切作小方块，用油、盐、花椒、莳萝、茴香拌酢。

三、后裔祭祖大典

　　民国年间，国民政府任命周公后裔东野传楘为元圣奉祀官，对周公进行祭祀。新中国成立后，周公庙祭祀活动一度停滞，直至2010年，周公后裔的祭祖大典在周公庙隆重举行。

2010 年 5 月 5 日上午，中国曲阜周公文化研究会成立揭牌仪式在曲阜周公庙侧举行，来自全国各地的周公后裔三百余人参加了揭牌仪式。揭牌仪式结束后，周公后裔共同前往周公庙举行了庄重的祭祖活动。主祭官是东野传棨长子东野长德先生，陪祭官是周长华、姬传东先生。周公后裔依次进入周公庙在周公神位前上香祭拜，京、津、冀姬姓文化研究会副秘书长郎铁山先生宣读祝文，中共曲阜市市委宣传部副部长、曲阜市文化广电新闻出版局局长胡勇先生宣读祭文，三百余周公后裔：周姓、姬姓、东野氏、郎姓分别祭拜。此后每年的立夏日周公后裔都会在曲阜周公庙举行祭祖大典。

2012 年元圣周公庙祝文

惟中华岁次壬辰年四月十五立夏日（西元二零一二年五月五日）曲阜市致祭于元圣文宪王周公曰：惟元圣文宪王，精神冠古今，功德满天地。自有姬鲁，三十三公支胤，又及周、邘、蒋、邢、邛、茅、胙、祭八子，至今存者孰非不亿之孙，枝飞

功之含宏，尽牷牲雨露之遗润，皆酒醴也。今恭遇盛世昌明，继唐虞先贤之统绪，接周礼之心传，尊圣崇道之特典彰敬崇元圣之至，兆奉今日，应如该抚，以礼斯毕，咸膺百福。尚飨。

2012 年元圣周公庙祭祀文

中华岁次壬辰年四月立夏日，西元二零一二年五月五日，元圣嫡裔第八十五代主鬯孙东野长德、山东周公文化研究会筹委会主邀人周长华率各地族人代表近千余人以虔诚之心、崇敬之意、敬仰之情，制备鲜花、果蔬、雅乐等祭告于元圣周公灵前，告曰：

达孝元圣，德行荡荡，侍文助武，道兼三王。摄位辅政，夙夜无康，平叛东征，四国是皇。藩屏王室，列土封疆，迁鼎营洛，底定周邦。经天纬地，测天律时，下袭水土，纬地司法。制礼作乐，型范八方，天地以位，万物以长。成定宗礼，俾侯东方，切切在心，作邑山阳。图书象演，鲁邦宪章，宗国寿藏，天下炽昌。多士以保，黎庶以养，天下平治，民富国强。兹以牲胹，粢盛礼浆，谨奉旧典，式荐馨香。伏惟尚飨！

2013 年元圣周公庙祭祀文

中华岁次癸巳年五月立夏日（西元二零一三年五月五日）元圣嫡裔第八十五代主鬯孙东野长德率各地族人宾朋，以虔诚之心、尊崇之意、敬仰之情，特制备鲜花、谷、果蔬等致祭于元圣文宪王灵前，惟告曰：

侍文封公用事多，佐武伐纣运筹幄。辅成摄政东征再，封邦建国更忙活。经天纬地规划总，制礼作乐存异同。八方向化九夷朝，一统天下享太平。公封东国未成行，伯禽代父来就封。

祭祀周公祭器陈设

祭祀伯禽祭器陈设

儒雅文明东鲁盛，传圣启贤齐鲁众。筹建国学是辟雍，东鲁立教泮池中。心身言教多管下，文武精英多山东。观天察地在华中，数理天文为吾用。陪都明堂谁定鼎，多才多艺吾周公。东方文明跃寰宇，风靡世界受欢迎。周孔之道遍天下，中华元圣是周公。伏惟尚飨。

2016 年元圣周公庙祝文

中华岁次丙申年三月二十九立夏日（西元二零一六年五月五日）曲阜市民政局副局长许鹏先生率各地周公后裔近 500 余人致祭于元圣文宪王周公曰：惟由三千多年前的元圣周文公发端和创造性设计构架并经历代精英补充完善的，被尊崇为中国第五大发明的"珠算"，是全世界最早的计算器。经联合国教科文组织于二零一三年十二月三日讨论一致通过，并于次日在阿塞拜疆首都巴库向世界宣布正式批准"中国珠算项目"列入教科文组织人类非物质文化遗产名录第卅项。特向元圣文宪王英灵祷祝。伏惟尚飨。

2016 年元圣周公庙祭祀文

中华岁次丙申年三月廿九日立夏日，西元二零一六年五月五日，元圣周公主鬯孙东野长德、山东曲阜周公文化研究会主邀人东野洪生率各地族人代表近千余人以虔诚之心、崇敬之意、敬仰之情，制备鲜花、果蔬、雅乐等祭告于元圣周公灵前，告曰：吾祖周公，讳旦，多思、多才、多艺、多贡献。侍文、助武、辅成，翦商、伐纣、东征。功高、爵显、权重，礼贤、下仕、躬行。多思、多才、多艺，天地人文皆通。成王年少幼弱，叔公当国摄政。家国盛况空前，形势迫切需行：测天高，量地阔，封邦建国，命制"华表"（后为中华的象征）；祥制礼，巧作乐，八方向化，一统中华（车同轨，书同文，行同伦，同度量，正权衡）。兹就"经天"一表：七千年前，算起伏羲，始画八卦，制六书，作数九九，以代结绳之政。

五千年前，黄帝轩辕作甲子，探五行，造律吕，综六术，定气运，命隶首作算数，谓之九章。

三千一百年前，吾祖周文公，继道统先贤，并发扬光大之：以铜盘为依托，用彩陶珠运算其中，起名"珠算"，俗名"算盘"，又名"盘算"，加减乘除，乘方、开方，整数、小数，勾股、极限，一应俱全。后世的"算经十书"，依然《周髀》居首，《周髀算经》实乃周公授受商高，成书于后。

公作"日晷"，又造"司南"。《晋书》有载："……表，竿也，（周尺八尺）盖天之术曰'周髀'，股也。故周人之志曰周。"《周髀算经》是利用圭表原理，观测晷影极游，利用勾股之法，推步日月行度，借以确定一年的日期，厘定八节廿四气，乃至季节之早晚，推测太阳的大小远近，初探宇宙的构造。它实际上包含了算学、历法、天文、测量和宇宙论等。因而说《周髀》是我国最早，同时也是全世界最古老的天文著作。吾祖周文公，在算筹学，观天、测天、量地、评土、历时以及划分节气的研索之中，为中国及世界人类做出了杰出的贡献。《周髀》在数学和天文学发展史上占有极其重要的地位，可以说是"千古至宝"，受到国内外学者的敬仰，几百年前已被译成英、法、日等多国文献。

吾祖周文公，多思、多才、多艺、多贡献此其一也。伏惟尚飨。

第四章　周公庙碑文选读

周公庙内现存历代碑刻 37 通，有立在地上的石碑，也有嵌在墙壁上的石碣、题记等。依碑的内容来说有修庙碑、谒庙碑、祭田碑及御制碑等。立碑之人，或为封建帝王、贵族显宦，或为儒生文士、"圣贤"后裔。这些石碑记录了当时社会的种种情况，从不同角度反映了当时周公庙的历史面貌，承载着彼时政治、经济、思想、生活、艺术等多方面历史文化信息，是中国传统文化的重要载体，展示出中华文明的魅力和神韵。本章精选周公庙部分保存较好、历史文化价值较高的碑刻，以飨读者。

一、宋大中祥符元年御制"文宪王赞"碑

文宪王赞

御制御书并篆额

若夫夹辅文武，垂范成康，措刑辟而惠民，制礼乐而正俗。宜乎大公刘之业，克致于隆周，启伯禽之封，遂成于东鲁者也。朕以载新盛典，肇建明祠，既峻极于徽章，复揄扬于懿美。赞曰：

伟哉公旦，隆彼宗周。刑罚以息，王泽斯流。政成洛宅，庆锡鲁侯。式增显爵，用焕佳猷。

大中祥符元年十一月二日

御书院奉敕模勒刻石

注：此碑位于周公庙元圣殿院内西侧南起第 4 石。立于宋真宗大中祥符元年（1008）十一月。碑圆首，碑身高 3.07 米，宽 1.2 米，厚 0.37 米。宋真宗御制，正书并篆额，共 10 行，行 20 字。碑阴有题字两种，均模糊。

宋大中祥符元年御制"文宪王赞"碑

宋大中祥符元年御制"文宪王赞"碑拓片

二、明陈纪周公庙八咏诗刻石

周庙八咏

赐田东野

东野成田恩固深，即更姓氏到如今。名君之鲤将同义，千古犹存授受心。

望父西台

荒草斜阳一古台，春风游子几徘徊。登高不尽依依望，殊世同情两地哀。

灵光旧址

重开古殿见天心，旭日争光映上林。不是宸游经鲁甸，至今芳草尚深深。

问礼遗踪

问礼当年止问心，馨香对越欲神歆。相看祭事多疑事，口内春秋直到今。

苏杨呈瑞

金鳞铁干踞丹墀，直拟虬潜窟穴时。一自龙飞泰岱浚，枝枝叶叶向天麾。

寒柏回春

苍苍寒柏老庭墀，忽润青葱上甲时。为报东翁迎祭告，如排干羽奏新诗。

古庙重辉

颓残榱桷已多年，轮奂重辉出上传。小子何缘效殚力，也留数字亘平川。

缝衣翰博

从来主爵一缝衣，翰博新承赐锦归。圣帝殊恩追圣德，遥看奕叶紫纶飞。

慈□金山陈纪

注：此石现镶于周公庙达孝门下南墙，西起第1石，立于明朝。石高0.39米，宽0.6米。陈纪书，行书。共26行，行16字。残为7块，已修复。

陈纪（约1450—1503），字叔振，号省庵，藤山登龙境（今仓山区下渡）人，约生于明景泰元年（1450）。成化五年（1469）中进士，选翰林院庶吉士。

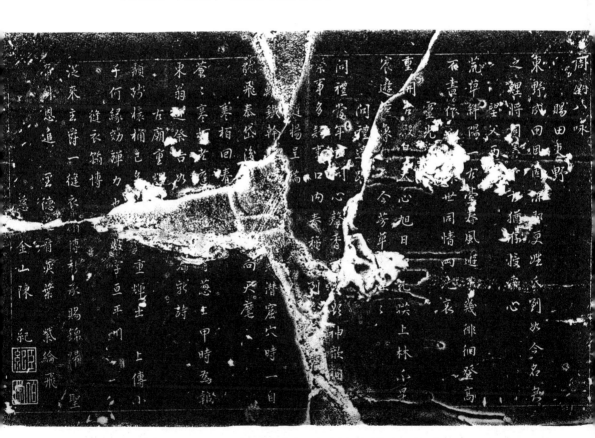

明陈纪周公庙八咏诗刻石拓片

三、明乔宇题周公庙刻石

周公庙

有周开帝业，元圣合归公。达孝成先德，咸勤启后功。下贤三吐握，待旦几忧恫。易象绅神秘，书篇扣俗聋。卜都连洛涧，定鼎配岐丰。祷病身先代，推亡罚用中。《鸱枭》伤国难，《麟趾》振王风。礼乐周官出，宽仁鲁制崇。申圻建凫绎，表镇屹龟蒙。天示《金滕》变，人歌赤舄忠。化顽东土治，柔远越裳通。百代茅封尽，千秋血食同。莓苔祠旧圯，丹碧殿新隆。燕雀来藩使，鸡豚走社翁。阙庭唐祀久，碑碣宋文工。西望宣尼庙，灵光并郁葱。

太原乔宇敬题

崧少山人张鲲来文宪王祠下读白岩公作

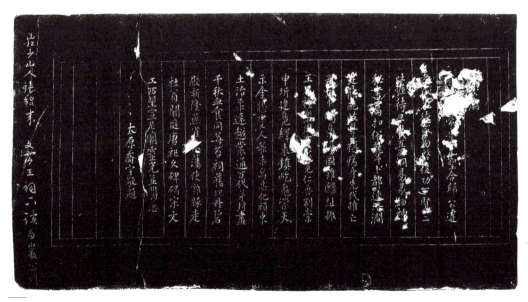

明乔宇题周公庙刻石拓片

注：此刻石现镶于周公庙达孝门下南墙，东起第2石。立于明朝。石高0.54米，宽1.03米。乔宇书，行书。共16行，行11字。左侧有一行张鲲题字，17字。

乔宇，字希大，乐平人。明宪宗成化年间进士，武宗时官至南京兵部尚书，累升少保。世宗初为吏部尚书，卒谥庄简。

四、明正德年间陈凤梧"文宪王周公赞"刻石

文宪王周公赞

天生元圣，道隆德备。制礼作乐，经天纬地。上承文武，下启孔颜。功在万世，位参两间。

后学庐陵陈凤梧百拜谨赞

曲阜县世职知县孔公统、县丞庞虎同立

明正德年间陈凤梧"文宪王周公赞"刻石拓片

注：此刻石立于明武宗正德年间（1506—1521）。现镶于周公庙达孝门下南墙，东起第 1 石。石高 0.5 米，宽 0.64 米。孔公统、庞虎立。陈凤梧书，正书。共 10 行，行 8 字。残，镶于壁上。

陈凤梧，泰和人。明弘治年间进士。时任山东巡抚都御史。

五、明嘉靖五年张衮"周公庙乐章并序"碑

周公庙乐章并序

周公庙，祀周公也。昔公功笃棐在周王室，而礼乐制作，淑之人心。率千百年，恃如城郭，无敢叛者。庙在曲阜城东之北二里，栋宇荒落，子孙不复见，有衣冠，余心慨焉。作诗三章，章五句，郡守喻君智闻而感之，请书于石，俾祀者登歌于堂，以不忘公云。其诗曰：

於赫周公，皇皇厥度。诱民之将，无小无大。罔不是左，祈祈者舞。致致者镛，公其作之。小大攸听，罔罹于□。洞酌醁公，神之吊矣。庶尔城郭，伊孺之江，我将讼作。

嘉靖五年仲夏七日监察御史前翰林吉士江阴张衮书

碑阴：

洛镐无人事已空，东来走马拜周公。秋风落日灵光殿，犹在尼山仿佛中。

康熙乙卯九月吴门朱玺题

明嘉靖五年张衮"周公庙乐章并序"碑

注：此碑位于周公庙元圣殿院内西侧北起第 2 石，立于明世宗嘉靖五年（1526）。碑高 1.63 米，宽 0.74 米，厚 0.23 米。行书。共 9 行，行 22 字。碑阴有清康熙十四年（1675）九月朱玺题记，草书，4 行，行 11 字。

明嘉靖五年张衮"周公庙乐章并序"碑拓片

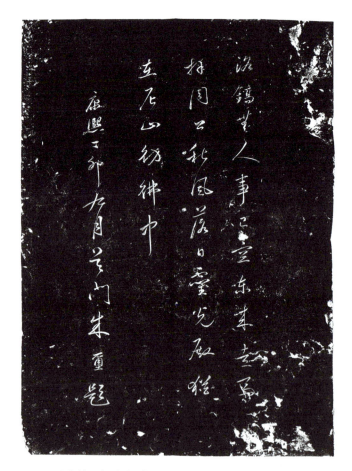

明嘉靖五年张衮"周公庙乐章并序"碑——碑阴
清康熙十四年朱玺题记拓片

六、明嘉靖二十一年程尚宁祭周公祝文刻石

维嘉靖二十一年岁次壬寅九月初一日戊申，兖州府知府程尚宁谨释奠于周公明神曰：惟公礼监二代，法垂百王。人纪肇立，天则永彰。尚宁承乏，守土夙夜。氷兢载仰，羡墙兹当。隔岁用荐，蘋蘩望洋。来格千载，

感怆尚默。相予启辟，不聪两赐。时若岁事，咸登莫此，鲁民尚飨。

曲阜世职知县孔公泽立

注：明世宗嘉靖二十一年（1542），兖州府知府程尚宁释奠周公。程尚宁"祭周公祝文"刻石现镶于周公庙达孝门下北面西墙。石高0.48米，宽0.74米，曲阜世职知县孔公泽立。行书。共16行，行9字。

明嘉靖二十一年程尚宁祭周公祝文刻石拓片

七、明嘉靖二十一年"兖州府为乞赐祭田以崇祀典事"碑

兖州府为乞赐祭田以崇祀典事。案照本府因见周公庙在曲阜城北，栋宇萧条，与神祠无异。所有周公之

后，姓东野，数十人，岁时奉祀，家道贫寒。本府行据曲阜县申称，查得周公庙前有孔氏族人原分免粮地一段二十五亩，每亩值银三两三钱，共该价银八十二两五钱，堪于府库无碍官银，易买与其后人掌管，以为岁时供祀之需。申蒙钦差巡抚山东地方都察院右佥都御史曾处照详蒙批据呈，足见重道至意。前田依议买备祀事之费，其祀典仰府仍查议报缴。蒙此。除将前田买备祀事外，看得前项地土虽云以备祀事，但春秋二祭，所费不多，其地花利必有余剩，若将剩者尽归东野龙，不无独赡其身，且□□□□□于兄弟莫非周公后裔必欲均沾实惠，似为允当。行据该县申称，蒙本府议买庙前免粮供祀地二十五亩，先于正德十三年间蒙巡按山东监察御史米置买庙边赡庙地一十亩，赡林地三十亩，又蒙巡按山东监察御史□置买□河北祀地□□□□与今买祀地共地一顷二十亩。其地内收打租利，本裔要得议添夏冬二丁祭，并四时小祭，共一十三次，余剩租利柴草本族均分。但春秋二祭，原系本县均徭银两备办，以后应否照旧编佥。缘由到府。据此，看得周公庙祀虽添祭田，本县均徭仍编，其增添时祭，听其本裔自议。为此合行帖仰本县官吏照依帖文内事理，即将前项缘由备云镌石，本庙圣立以垂久，勿得违错未便，须至帖者。

右帖下曲阜县　准此

全印

嘉靖二十一年七月二十四日

乞赐祭田以崇祀典事

帖押

碑阴：

添置庙田亩数四至

兖州府知府程尚宁等申奉上司明文，置买周公庙前孔闻元免粮地二段，共二十五亩，用价银八十二两五钱。庙前地一段，二十四亩三分三厘。东至大路，南至杨希，西至颜肇先，北至庙前大路；庙东地一段六分七厘，东至颜重傑，南至大路，西至北至俱东野龙赡庙地。

嘉靖二十一年七月吉日立石

东野氏族人

东野龙　东野鲁　东野清　东野泰　东野直　东野凤　东野臣　东野还　东野绍　东野端　东野廉　东野谦　东野庆　东野楹　东野智　东野佐

注：此碑位于周公庙成德门下南面东首，立于明世宗嘉靖二十一年（1542）七月。碑高2.3米（含云凤纹篆书碑头0.32米），宽0.92米，厚0.19米（碑座0.17米）。边饰云纹。正书。15行，行64字。碑阴有字。正书。共7行，行31字。

明嘉靖二十一年"兖州府为乞赐祭田以崇祀典事"碑

明嘉靖二十一年"兖州府为乞赐祭田以崇祀典事"碑拓片

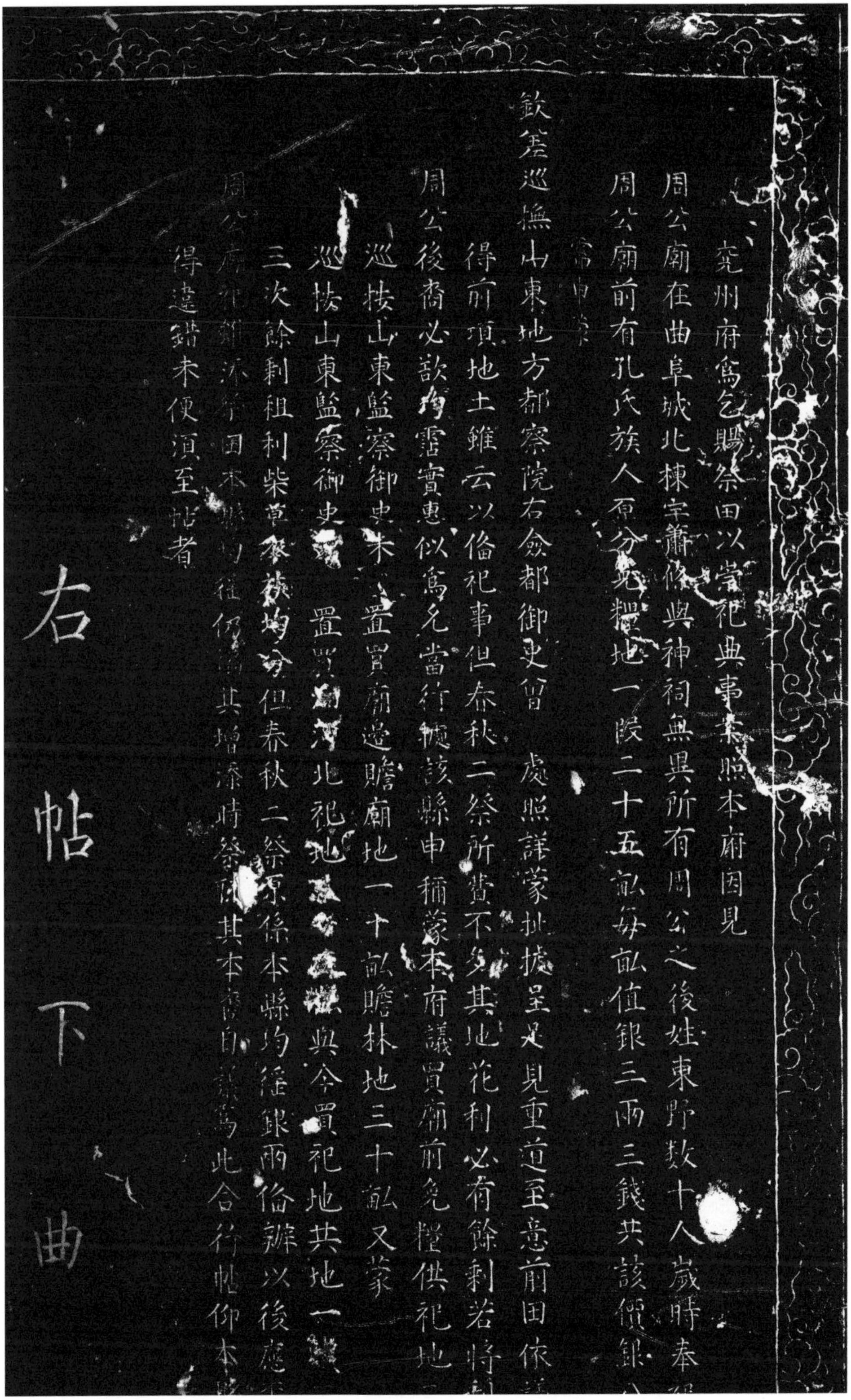

兖州府为乞赐祭田以崇祀典事案照本府因见
周公庙在曲阜城北栋宇萧条与神祠无异所有
周公庙前有孔氏族人原分免粮地一段二十五亩每亩值银三两三钱共该价银

钦差巡抚山东地方都察院右佥都御史曾
周公后裔必歆露实惠似为允当行帖该县申称蒙本府议买庙前免粮供祀地
巡按山东监察御史朱　　　置买庙遗瞻庙地一十亩瞻林地三十亩又蒙
巡按山东监察御史　　　　置买河北祀地　　与今买祀地共地一

得府项地土虽云以供祀事但春秋二祭所费不多其地花利必有余剩若将
处照详蒙批据呈足见重道至意前田依

三次余剩租利柴草等均分但春秋二祭原系本县均徭银两俯办以后应

周公庙衙

右帖下曲

得遂错未便须至帖者

明嘉靖二十一年"兖州府为乞赐祭田以崇祀典事"碑拓片局部

添置廟田畝數四至

兖州府知府程尚寧等申奉

上司明文置買

周公廟前孔閭院免糧地二段共二十五畝用價銀八十二兩五錢州前地一段二十四

畝三分三釐東至大路南至楊□西至顏肇先北至廟前大路廟東地一段六分

七釐東至顏重保南至大路西至北至俱東野龍瞻廟地

嘉靖二十一年七月吉日立石

明嘉靖二十一年"兖州府为乞赐祭田以崇祀典事"碑阴拓片

八、明万历六年赵贤祭周公祝文碑

　　维万历六年岁次戊寅二月壬午朔越十六日丁酉，钦差巡抚山东等处地方督理营田都察院右副都御史赵贤，谨以牲帛庶馐之仪，敢昭告于先圣文宪王曰：惟王思兼三王，以施四事，太平开八百年，礼乐垂千万世。盖尼父不复梦见，则深自慨焉。贤小子东巡过鲁，瞻谒遗庙，亦低徊久之，而不能去，牲醴薄陈，用伸虔祭。尚飨。

　　管理曲阜县事济宁州知州孔弘复刊石

　　注：明神宗万历六年（1578）钦差巡抚山东等处地方督理营田都察院右副都御史赵贤祭祀周公。赵贤"祭周公祝文碑"位于周公庙元圣殿东侧南起第2石。碑高2.1米（含正书"大明"2字云凤纹碑头0.48米），宽0.91米，厚0.15米（碑座高0.13米）。管理曲阜县事济宁州知州孔弘复刊石。正书。共10行，行25字。残为3块，已修复。

明万历六年赵贤祭周公祝文碑

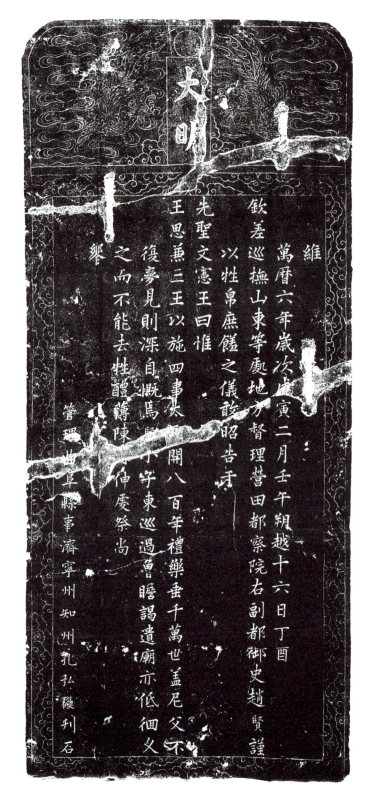

大明

維

欽差巡撫山東等處地方督理營田都察院右副都御史趙賢謹

萬曆六年歲次戊寅二月壬午朔越十六日丁酉

以牲帛庶饈之儀敢昭告于

先聖文憲王曰惟

王恩薄三王以施四事夾開八百年禮樂垂千萬世蓋尼父不

王思薄三王以施四事夾開八百年禮樂垂千萬世蓋尼父不

復夢見則深自慨焉矧小子東巡過魯瞻謁遺廟亦低徊久

之而不能去牲醴簿陳于伸虔祭尚

饗

管理曲阜縣事濟寧州知州孔弘穆刊石

明万历六年赵贤祭周公祝文碑拓片

九、明万历十八年钟化民祭周公祝文碑

维万历十八年岁次庚寅二月癸酉朔越八日庚辰，巡按山东监察御史钟化民，敢昭告于先圣文宪王曰：惟王托孤，寄命培苍，姬八百之太平，制礼作乐，立帝王万世之大典，迕衡辅世，忠诚格天。化民向按西秦，瞻元圣于三公之庙，兹巡东兖，谒元圣于鲁公之祠，若彝抚事，期守成规，明作惇大，愿遵懿范，荐馨香于束帛，祈休享于神灵。以鲁公配食。尚飨。

管理曲阜县事东昌府同知孔弘复刊石

注：明万历十八年（1590）巡按山东监察御史钟化民祭祀孔子、颜子、周公。钟化民"祭周公祝文"碑位于周公庙元圣殿院内东侧南起第1石。碑高1.95米（含正书"大明"2字云纹碑头0.36米），宽0.74米，厚0.22米，边饰云纹。孔弘复刊石，正书。共12行，行32字。

明万历十八年钟化民祭周公祝文碑

大明

維
萬曆十八年歲次庚寅二月癸酉朔越八日庚辰
巡按山東監察御史鍾化民敢昭告於
元聖文憲王惟
王乃孤竹胎育姫八百之太平削禮作樂立帝王萬世之大典近衛周世忠誠裕
天化民向安惡墮
元聖扶三公之顯猷退東充韜
元聖扵曾公之祠宏宣撫事期茂載纘明作懔大願遵謐範嘉萬客竒於禾帛祈休享扵
神靈以
曾公配食尚
饗

管理曲阜縣軍東昌義同知孔弘毅俊刊石

明万历十八年钟化民祭周公祝文碑拓片

十、明万历四十三年"重修周公庙落成记"碑

重修周公庙落成记

致仕教谕八十三叟邑人曲阜李玉撰

至圣六十一代孙少史氏冲宇孔弘埰书

吾阙里古鲁城内，崇丘叠阜，败残瓦砾之墟，岩岩翼翼，旧有姬公冢宰神祠一区，良以多历年所故，凡过其侧者，不无黍离稷苗之叹。庙族东野弼、东野兰、东野郊等枉顾岩栖，告予曰：天道有盛衰之靡常，地气符兴废之迥异，且如吾祖之灵场，荟兮蔚兮，久矣。比者，幸逢中丞赵公，广辟神路，列树秉道，厥后柱史孙公、商公，以及督学佘公，或发教补葺，或降银买田，或擢收箕裘之婉娈，以充泮水青衿之列，固可谓追崇之彝典矣。若太守桂窓孔公，岂弟之父母勤于协力而不惮其勤，敏于效职而不辞其敏，以言其种植，则作屏修平于荆棘之荒阡。或取之以徂徕之松，或间之以新甫之柏，盖不必验诸南山之桥、北山之梓，而高卑俯仰之仪，已耸壑而昂霄矣。以言其缔造，则捄度筑削染丹青之璀璨，檐牙浮岱岳之祥云，斫梁栋之峥嵘。帘幕卷蓬瀛之霏雨。盖虽切戒，夫隰畛穑蓘之耳提，芟夷蕴崇之面命。然减年从役之众，已扬袂而风山矣。广圭田而丰荐献，凡居民上者，孰不督田畯以正其疆，责里宰以入其籍，总其大纲而已矣。我公则缘丘履晦，陟垄陟溪，务期其瓯窭满篝汙耶满车，而粢盛之备，宁忧其不洁乎。擢茂良而

储作养，凡有官守者，孰不好乃静而斥其烦，厌厌劳而便于逸，塞其责任而已矣。我公则铨择材艺之云仍，躬亲当场之面试，务俾其亲师取友，日就月将，而邢桢之选，宁忧其不豫乎。夫以宰相之右文崇化，而太守之尽瘁鞠躬，虽实一时之可喜，然溯其居敬行简之政声，饮水食檗之清操，则有更仆未之或悉者，载考庙傍之隙地。公乃广庇寒族，为之连甍接栋，恢拓阛阓二十余家，使之各得其所。世有爱其屋乌者，匪以其爱人而胡及于是耶。覆载洪恩，当不是过，夫快意之事，每难遂于卒，逢垂远之猷，必相资于纪载。窃念吾叟，虽曰日薄虞渊，然对客挥毫，颇知尚有余健。请濡三管于贞珉，绝胜万民之是若，予乃不恶耄荒，勉应之曰：昔刘损为吴郡守，始入阊门，便谕居民完饰泰伯之灵宫；萧允为会稽丞，经延陵季子之祠，即设萍藻之荐，以托异代之交。信史流芳，迄今耿耿。今孔公父母仰钦忠尽之休风，感慕金縢之赤悃，一瓦之缾幪，务令其风雨条除，一砖之砌合，必思其鸟鼠攸去。固知元圣在天之灵，必将夷怿而介以繁祉矣。万福来求，予敬刮目以待。

　　　　　万历己卯岁中秋之吉

　　　　管理曲阜县事济宁州知州桂窗孔弘复

　　　　　管工　阴阳生王世贵　闫守耕

　　　　　　石匠　冯腾

　　注：此碑位于周公庙元圣殿院内西侧南起第 3 石。立于明神宗万历四十三年（1615）。 碑高 1.68 米（含云、凤纹及正书"大明"2 字，碑头 0.38 米），宽 0.86 米，厚 0.21 米。孔弘复立，李玉撰，孔弘坝书，正书，24 行，行 48 字。

明万历四十三年"重修周公庙落成记"碑

明万历四十三年"重修周公庙落成记"碑拓片

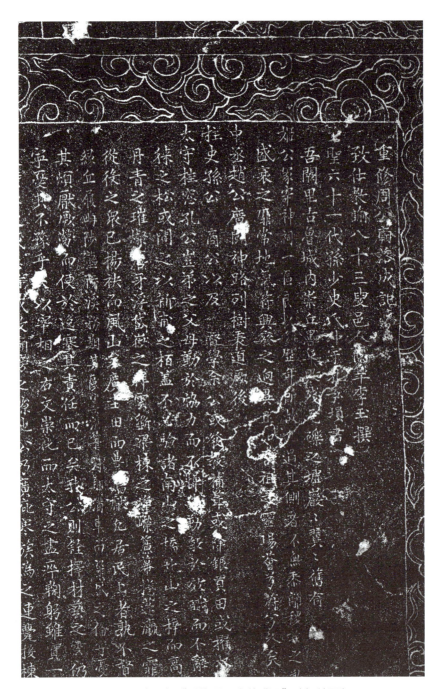

明万历四十三年"重修周公庙落成记"碑拓片局部

十一、清顺治十七年"重修周公庙碑记"碑

重修周公庙碑记

予居近阙里，尝偕友辈寻孔颜乐处。散步东郊，其乔木苍松古道极目者则元圣周公庙也。历代崇重之区，必其美轮美奂，亿载常新者也。及趋谒观光，而堂庑门垣摧残已甚，何一旦至此，岂采风者曾弗过而问欤，抑天之将丧斯文耶！竚立徘徊，殊切杞人之忧。主祀东野君九万者，一日遇我，曰："敝庙未废者一线耳，督学施宗师触目凌夷，尽然伤怀，捐金倡议，为修葺之举，固千载一时矣。然谋始匪易，终事尤难，今且故宫再造矣。其鸠工庀材，殚心极虑，底于成功者，则我侯弥纶参赞之力也。"言未既，予作而喜曰："厥功懋哉！"东曰："未已也，先圣旧未设像，独我侯慨然兴念曰：'庙者，貌也。考诸舆记，洛阳有公像焉。吾邑根本之地，何独不然？肖像自我始'。呜呼，俨若起□先圣而生之矣。至如嘉惠族人，招集庙户，以及复相礼，蠲田税，其惓惓无已者，又□啬我之身为谋家为计也，德意沛哉，食德思报，将砻石焉，盖为我颂之。"予曰："元圣制作一代，范围千古，固吾孔夫子素所梦寐而宪章者也。孔侯今者之役，盖继夫子之志而为之也欤。"君子曰，孝也，夫以圣贤之心，为圣贤之事。孔侯不自德而后裔实德之，匪独后裔德之也。凡有血气知报本者，莫不欢欣鼓舞以戴之矣。《诗》曰：奚斯所作，万民是若。孔侯之谓欤！且也前人作则后人效焉，使来者而皆如孔侯之

用心也，必将曰有其举之莫敢废也。而天之不丧斯文端在于斯，则我公之明德远矣，宁但舆人之颂于一时也哉！质言通俗亦乐道之不容己，文则未之能也，是为记。

侯讳胤淳，别号镇浮，曲阜县世职知县晋东昌府别驾加一级，赐同进士出身。刑部观政瑕丘刘布春顿首拜撰。

顺治十七年岁次庚子仲秋之吉

七十二代孙奉祀世廪生员东野云鹏立石

注：此碑位于周公庙元圣殿院内东侧北起第 1 石。立于清世祖顺治十七年（1660）。碑高 2.23 米，宽 0.82 米，厚 0.12 米（碑座高 0.22 米）。东野云鹏立。刘布春书，正书。共 18 行，行 46 字。残为 2 块，已修复。

清顺治十七年"重修周公庙碑记"碑

清顺治十七年"重修周公庙碑记"碑拓片

十二、清康熙六年杨茂勋祭周公祝文碑

维清康熙六年岁次丁未三月乙亥朔越二十有六日庚子，总督河道提督军务兵部尚书兼都察院右副都御史杨茂勋躬赴曲阜，谨虔牲帛，昭告于元圣周公文宪王神位前曰：惟王成文武之德，制礼作乐，垂法万世。而道统之传，自帝而王，王而相，兼三施四，惕厉忧勤，其见于大易爻辞者，与羲文十翼并传不止。《周礼》《周官》，东征卜洛，垂太平基绪于八百年也。大启于鲁三十四公，绵延迄今，庆余东野，虽当年葬依成周，神爽无之不在，况于肇封祚胤之区乎。茂勋承乏行河，去庙密迩，敬修寅恪之献，以昭希圣之心。尚飨。

曲阜县世职知县加衔东昌府通判加二级孔胤淳立石

注：清康熙六年（1667）总督河道提督军务兵部尚书兼都察院右副都御史杨茂勋祭祀周公。杨茂勋"祭周公祝文"碑位于周公庙元圣殿院内东侧北起第2石。碑高2.28米（含正书"大清"2字云龙

清康熙六年杨茂勋祭周公祝文碑

纹碑头 0.61 米），宽 0.79 米，厚 0.14 米。曲阜县世职知县加衔东昌府通判加二级孔胤淳立石。正书。共 10 行，行 30 字。残为 3 块，已修复。

清康熙六年杨茂勋祭周公祝文碑拓片

十三、清康熙二十六年御制曲阜周公庙碑

曲阜周公庙碑

世运代嬗，隔越千载，则必有神哲挺生其间，以承大统，以作名世。惟公体上圣之质，绍祖考之德，孝友笃仁，左右宁王，厥勋烂矣。及乎负扆，能以勤劳寅恭惇大忠信之道，翼赞其君，大和洽而颂声作焉。夫功莫大于致治绥邦，业莫隆于制礼作乐。公身兼数器，开物成务，其庞鸿炳烁之烈，既已载于诗书，志诸史册。至于系爻辞，定官礼，撰《尔雅》，出言为经，又何博奥难穷也。昔孟子论列古帝王，至于公，曰兼三王，施四事，而韩愈亦历数尧、舜、禹、汤、文、武以至公，盖道统之传如此，岂仅以治理之彰彰者与。遥想风徽，官公遗嗣，俾昭世泽于无穷，既命有司新公庙貌，希慕之余，勒石颂德，而系之以诗。诗曰：

邃古民朴，混混茫茫。列圣经纶，肇轩迄商。叙厥伦纪，贲以采章。公监二代，揆时立制。有因有除，礼明乐备。体国经野，成理万汇。集武之勋，绍文以孝。代成诚民，并孔立教。为子为臣，是则是效。宗邦绵历，忠厚所贻。贞珉载镌，作颂致思。鼋绎同峙，亿祀为期。

康熙二十六年夏四月

注：此碑立于清圣祖康熙二十六年（1687）四月。位于周公庙达孝门下东侧御碑亭内。碑高4.45米，宽1.4米，厚0.52米。龟趺高1.3米，宽1.5米，长3.4米。碑下水盘东西2.6米，南北3.35米。四周雕龙纹，碑额篆书，碑文正书。共12行，行36字。

清康熙二十六年御制曲阜周公庙碑

清康熙二十六年御制曲阜周公庙碑赑屃

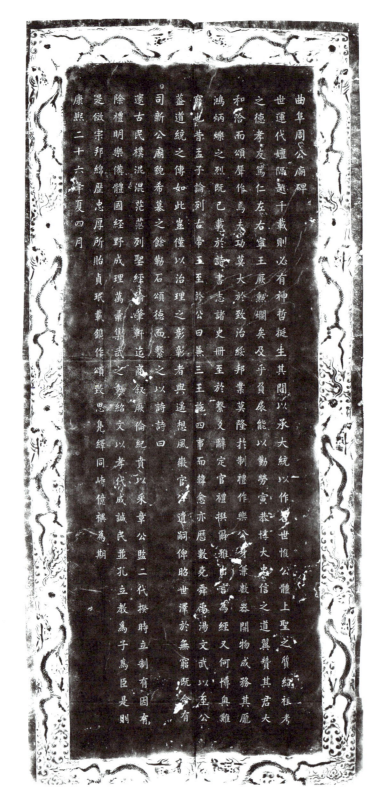

清康熙二十六年御制曲阜周公庙碑拓片

十四、清康熙二十九年"元圣庙题请祭田礼生庙户佃户疏稿咨移碑记"碑

元圣庙题请祭田礼生庙户佃户疏稿咨移碑记

康熙二十三年臣沛然具奏。顾恩奉旨：周公庙祀田，照颜庙祀田例，由户部拨给，咨行山东抚臣张，檄行兖州府邹县，拨民田五十四顷，豁除银粮，以作祭田，坐落萝头等社，钦遵在案。

康熙二十八年礼部等衙门为请定祭祀礼仪以全不朽之盛典事。议得，山东巡抚钱题前事疏称，元圣周公制作经纬，昭垂万世。恭遇皇上，赐爵赐田，更新庙宇，实从来未有之旷典。其庙内祀典，需用赞礼生，应照孔颜庙例备设，以示优异。等因具题。奉旨：九卿科道詹事会议具奏。钦此钦遵。会议得，元圣周公承接道统，继往开来，功德昭著。恭遇皇上天纵圣明，继唐虞之统绪，接周孔之心传，尊圣重道，有加无已，应如该抚所请，将周公庙祭祀礼仪钦定颁行。凡供祀礼生，照例备设，以彰尊崇元圣之至意，则不朽盛事欣成于今日。等因题覆。奉旨：依议。钦此。钦遵在案。

兖州府为恳恩题请详定等事。康熙二十八年十一月二十二日蒙布政司宪票，康熙二十八年十一月初九日蒙护理巡抚印务布政使卫案验，康熙二十八年十一月初七日准礼部咨祠祭清吏司案呈。查得先经九卿等衙门会覆山东巡抚钱一疏，内开，周公庙应设赞礼生二十名，庙户、佃户各十户，行令该抚照例设给。等因具题。奉旨：

依议。钦遵在案。今据该抚咨称，在曲阜县招募赞礼生张世翰等二十名，在邹县招募佃户李应昌等十户，济宁州庙户卢国英等十户，俱系情愿投兖州，应造册报部存案，等因前来。查前项礼生、庙户、佃户既经该抚设给，应无容议，仍咨该抚报明户部可也，案呈到部。拟合就行。为此，合咨前去，烦为查照施行。等因到院。准此，拟合就行。为此票仰本司该吏，照依咨案内事理，即便叙详呈报，咨明户部施行，等因到司。蒙此，除详情咨报户部外，拟合就行。为此票仰兖州府官吏查照咨案票内事理，即便转饬曲阜、济宁、邹县三处，查照报司原册，照户拨给，仍取拨给回文报查。等因到府。蒙此，除行济宁、邹县二处照户拨给外，拟合移会。为此，合用手本，前诣贵院，烦为查照咨案宪票会文内事理，希便知照移会查收施行，须至手本者。

钦设曲阜县礼生二十名张世翰等

钦拨济宁州洒扫庙户十户

一户崔秉直等，一户王谕等。

一户李文臣等，一户张魁等。

一户卢国英等，一户高灿斗等。

一户任来贵等，一户赵光明等。

一户刘濬等，一户陈得名等。

钦拨邹县佃户十户

一户王文学等，一户吴云高等。

一户高文周等，一户孙文玉等。

一户李应昌等，一户任三王等。

一户储良秀等，一户赵文炳等。

一户欧振魁等，一户马玉准等。

元圣七十三代孙钦授翰林院世袭五经博士臣东野沛然勒石

康熙二十九年仲春吉旦

石匠王在国

注：此碑位于周公庙成德门北西侧。立于清圣祖康熙二十九年（1690）。碑高2.6米（含山、云纹及正书"奉旨"2字碑头0.78米），宽0.8米，厚0.32米（碑座0.15米）。东野沛然书，正书。24行，行60字。

清康熙二十九年"元圣庙题请祭田礼生庙户佃户
疏稿咨移碑记"碑

清康熙二十九年"元圣庙题请祭田礼生庙户佃户疏稿咨移碑记"碑拓片

清康熙二十九年"元圣庙题请祭田礼生庙户佃户疏稿咨移碑记"碑拓片局部

十五、清乾隆御书"谒元圣祠"碑

阳面碑文：

谒元圣祠

册府传宗国，銮舆涖葆祠。所钦惟在道，祗谒亦云宜。爻象先开孔，保衡后继伊。昭哉官礼法，万古式勤施。

乾隆戊辰仲春御笔

清乾隆御书"谒元圣祠"——碑阳

谒元圣祠

惟在道祖谒太云宜交象先开册府传宗国鉴兴沿葆祠所钦孔保衡后总伊昭兹官礼法万古式勤施乾隆戊辰仲春御笔

清乾隆御书"谒元圣祠"碑——碑阳拓片

阴面碑文：

遗祠近可寻，古树峙清森。于子孝惟笃，为臣忠允谌。六封难考昔，八佾岂犹今。成赐伯禽受，或非公本心。

谒元圣祠作
辛卯暮春月上澣御笔

阴面顶部碑文：

元圣邻宣圣，胥留曲阜祠。浚前原一揆，俎豆祀千斯。叹弗梦而见，事同仰以思。瓣香申拜处，祇愧作君师。

谒元圣祠

庚戌季春中瀚御笔

清乾隆御书"谒元圣祠"碑——碑阴

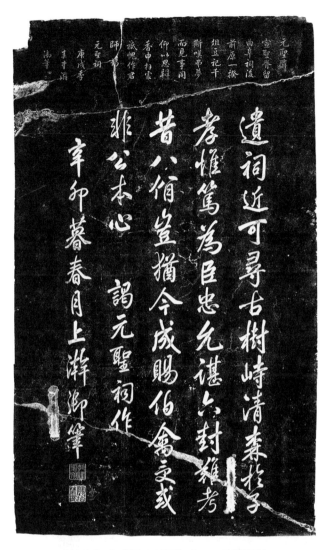

清乾隆御书"谒元圣祠"碑——碑阴拓片

东侧碑文：

　　□乐自姬宗，惟公拗所从。庙非八佾舞，庭有百年松。文子克成孝，武臣真是恭。□尼叹梦见，夫岂在形容。

　　　　谒元圣祠作

　　　　丙申暮春月下澣御笔

西侧碑文：

终始不离周，惟公心笃悠。至今斯庙食，万古祖儒流。东国成迎切，金縢武病瘳。英王有同躅，冤雪沛恩优。

谒元圣祠成什

甲辰仲春之月中澣御笔

注：此碑位于周公庙东院（问礼堂院）北首。碑高 2.12 米（包括雕龙戏珠篆书碑头 0.22 米），宽 1.1 米，厚 0.19 米，边饰龙纹。残，已修复。碑四面刻字，正面刻清高宗乾隆十三年（1748）御书谒元圣祠诗。背面刻清高宗乾隆三十六年（1771）和乾隆五十五年（1790）御书谒元圣祠诗两首。东侧刻清高宗乾隆四十一年（1776）御书谒元圣祠诗。西侧刻清高宗乾隆四十九年（1784）御书谒元圣祠诗。

清乾隆御书"谒元圣祠"碑东侧　　清乾隆御书"谒元圣祠"碑西侧

絟始不雜周惟公心篤悠至今斯廟食萬古祖儒流東國成迎切金縢武病瘵英王
有同躅寬雪沛恩優　謁元聖祠成什
甲辰仲春三月中澣　御筆

科樂自妷宗惟公綱阼從廟非八佾舞庭有百年松文子克成孝武臣真是恭
尼歡夢見夫宣在形容　謁元聖祠作
丙申薵春月下澣　御筆

清乾隆御书"谒元圣祠"碑——东侧拓片　　　清乾隆御书"谒元圣祠"碑——西侧拓片

十六、清嘉庆四年封周公后裔东野氏 为博士碑

　　我高宗纯皇帝御极之四十有七年，命陕西抚臣旁求周公后裔，爰立博士。兖州，鲁地成王初服，禽义就封，周公留相，故鲁奉公为太祖，《春秋传》称鲁公曰世室，周公曰太庙，明堂位复侈陈之。今兖之人谓公曰太庙，沿旧称也。丙辰秋，余旬宣山左，过兖州，见公庙倾圮，捐赀属封翁孔公宪增，鸿工庀材，葺而新之。嗣余巡抚三吴，道经公庙，丹楹刻桷，不期月而观成。古者诸侯祭因国之在其地而无主后者，公之神长留天地，近圣人之居，俨接龙旂，奠攸宁之宇，常升白牡，明禋将享，千百年如一日。《左传》纪天王劳赵孟于洛曰："美哉，禹功明德远矣。"太史公登鲁孔子之堂曰："高山仰止，景行行止。"吾于周公亦云。

　　大清嘉庆四年岁次己未十月赐进士出身诰授资政大夫兵部侍郎兼都察院右副都御史总督江南河道提督军务前巡抚江苏等处地方总理粮储兼管河务河东河道总督合河康基田撰并书

清嘉庆四年封周公后裔东野氏为博士碑

注：此碑位于周公庙成德门下北面东首，立于清仁宗嘉庆四年（1799）。碑高1.7米（含篆书碑头0.3米），宽0.68米，厚0.2米，碑座高0.24米。康基田撰并书，行书。共16行，行26字。

清嘉庆四年封周公后裔东野氏为博士碑拓片

十七、清道光二十年"金人铭"碑

金人铭

曲阜孔宪彝敬书

孔子观周，入后稷之庙。右陛之前，有金人焉。三缄其口，而铭其背曰："古之慎言人也。戒之哉，戒之哉。无多言，多言多败；无多事，多事多患；安乐必戒，无行所悔。勿谓何伤，其祸将长；勿谓何害，其祸将大；勿谓何残，其祸将然；勿谓不闻，神将伺人。焰焰不灭，炎炎若何？涓涓不壅，终为江河。绵绵不绝，或成纲罗。毫末不札，将寻斧柯。诚能慎之，福之根也。曰是何伤，祸之门也。强梁者不得其终，好胜者必遇其敌。盗憎主人，民怨其上。君子知天下之不可上也，故下之；知众人之不可先也，故后之。温恭慎德，使人慕之；执雌持下，人莫踰之。人皆趋彼，我独守此；人皆惑之，我独不徙。内藏我智，不示人技。我虽尊高，人弗我害。谁能于此。江海虽左，长于百川，以其卑也。天道无亲，而能下人。戒之哉！"孔子既读斯文也，顾谓弟子曰："小子识之，此言实而中，情而信。"

道光二十年岁次庚子秋七月既望

长洲王大堉谨立石

注：此碑位于周公庙元圣殿西侧南起第 1 石。立于清宣宗道光二十年（1840）七月。碑高 1.67 米，宽 0.7 米，厚 0.2 米。王大堉立。孔宪彝书，正书，共 12 行，行 30 字。残为 2 块，已修复。

清道光二十年"金人铭"碑

金人銘
孔子觀周入后稷之廟右陛之前有金人焉三緘其口而銘其背曰古之慎言人也戒之哉戒之哉無多言多言多敗無多事多事多患安樂必戒無行所悔勿謂何傷其禍將長勿謂何害其禍將大勿謂何殘其禍將然勿謂不聞神將伺人焰焰不滅炎炎若何涓涓不壅終為江河綿綿不絕或成網羅毫末不札將尋斧柯誠能慎之福之根也口是何傷禍之門也彊梁者不得其死好勝者必遇其敵盜憎主人民怨其上君子知天下之不可上也故下之知衆人之不可先也故後之溫恭慎德使人慕之執雌持下人莫踰之人皆趨彼我獨守此人皆惑之我獨不徙內藏我智不示人技雖尊高人弗我害誰能於此江海雖左長於百川以其卑也天道無親而能下人戒之哉孔子既讀斯文也顧謂弟子曰小子識之此言實而中情而信
曲阜孔憲彝敬書
道光二十年歲次庚子秋七月既望長洲王大堉謹立石

清道光二十年"金人铭"碑拓片

附录：礼赞周公

一、先贤礼赞

◆孔子

吾今乃知周公之圣，与周所以为王也。（《孔子家语·观周》）

甚矣吾衰也，久矣吾不复梦见周公。（《论语·述而》）

如有周公之才之美，使骄且吝，其余不足观也。（《论语·泰伯》）

◆孟子

（齐大夫陈贾）见孟子，问曰："周公何人也？"（孟子）曰："古圣人也。"（《孟子·公孙丑下》）

◆荀子

周公因天下之和，遂文、武之业，明枝主之义，抑亦变化矣，天下厌然犹一也。非圣人莫之能为，夫是之谓大儒之效。（《荀子·儒效》）

◆贾谊（西汉）

文王有大德而功未就，武王有大功而治未成，周公集大德大功大治于一身。孔子之前，黄帝之后，于中国有大关系者，周公一人而已！（《新书·礼容下》）

◆司马迁（西汉）

依之违之，周公绥之；愤发文德，天下和之；辅翼成王，诸侯宗周。（《史记·太史公自序》）

◆曹操（东汉）

周公吐哺，天下归心。（《短歌行》）

◆曹植（三国魏）

成王即位，年尚幼稚。周公居摄，四海慕利。罚叛柔服，祥应仍至。诵长反政，达天忠义。（《周公赞》）

◆司马光（宋）

周公复唐虞之旧域，斥大九州之境。王畿之外分五服为侯、甸、男、采、卫，蛮夷镇蕃九畿。周公摄政凡七年，制礼作乐，致太平，乃复政成王而告老。王曰："公无困我哉！"留周公为太师，与召公共辅王室。（《稽古录》）

◆章学诚（清）

"六经"之文，皆周公之旧典也。以其出于官守而皆为宪章，故述之而无所用作。（《校雠通义·汉志六艺》）

二、后学嘉赞

◆钱穆

周公实近似于西方哲人柏拉图在其理想国中所要求的理想政治领袖。但周公不是"哲人王"，仅是一"哲相"。他可以说是以一学者哲人身份而来建立了西周一代的政教体制，奠定了此下数千年优良基础。……以学术创立政教制度者，周公为第一人，而孔子继之。（《中国历史研究法》）

注：钱穆，中国现代著名历史学家、思想家、教育家，"中央研究院"院士，台北"故宫博物院"特聘研究员。

◆杨向奎

没有周公，不会有武王灭殷后的一统天下；没有周公，不会有传世的礼乐文明；没有周公，就没有儒家的历史渊源；

没有儒家，中国传统的文明可能是另一种精神状态。(《宗周社会与礼乐文明》)

注：杨向奎，中国社会科学院历史研究所研究员。

◆李学勤

姬姓主政的周朝是迄今寿祚最久的朝代。周武王继承周文王的遗志，灭商建周，数年驾崩，其后大局全赖其弟周公姬旦支撑。周公辅佐成王，平定武庚、"三监"之乱，封建诸侯，营建洛邑，制礼作乐，奠定了周朝八百多年的基业。周公握发吐哺，辛勤劳瘁，天下归心后致政成王，甘愿称臣，晚年又完善《周易》。周公立德、立业、立言，有较完整的思想体系，堪称中华文化的缔造者和始祖。后人尊称他为"元圣""文宪王"。孔子因传承周公礼乐文化而出名，成为"至圣""文宣王"。周公礼乐文化博大精深，至今仍有现实意义，是研究的重大课题。

注：李学勤，夏商周断代工程首席科学家、清华大学历史系教授、中国先秦史学会名誉会长。

◆易中天

周公确实是文化的始祖。

注：易中天，厦门大学中文系教授。

◆钱耕森

周公无疑是我国历史悠久的辉煌灿烂的思想文化史上的第一座里程碑与标杆。

注：钱耕森，安徽大学哲学系教授。

◆彭林

周公是历史上最伟大的政治家，周公制礼作乐，使中国从崇尚鬼神的时代解放出来，这是中国历史上最深远的一次变革，这原本是史学界多数学者的一个共识。

注：彭林，清华大学人文学院历史系教授，博士生导师。

◆ 李宗桂

周公是中国文化史上极为重要的人物。读中国传统的礼乐文化，谈人文化成，都离不开周公。更重要的是周公对于中国传统文化价值体系的形成和发展有着独特的贡献。

周公是中国传统文化中忠义之士的代表，是贤人政治的典范，是忠臣贤相的楷模。（《周公评传·序言》）

注：李宗桂，中山大学哲学系教授，中山大学文化研究所所长，博士生导师。

◆ 杨宽

儒家从孔子开始，一贯推崇周公的政治文化，特别推崇西周开国之君王文、武和周公。孟子进一步把尧、舜、禹、汤、文王到孔子推崇为"圣人"的传统……荀子又开始把代表西周政治文化的《诗》《书》《礼》《乐》作为儒家的经典。因而西周的政治文化包括周文王、周公等人物影响很是深远。（《西周史·序言》）

注：杨宽，上海市博物馆馆长、复旦大学历史系教授、上海市社科院历史所副所长。

参考文献

［1］（明）吕化舜原辑、孔衍治增辑：《东野志》，曲阜：曲阜孔府文物档案馆藏清刻本。

［2］（西汉）司马迁：《史记》，北京：中华书局，1982年第2版。

［3］山东省曲阜市史志编纂委员会编：《曲阜市志》，济南：齐鲁书社，1993年第1版。

［4］山东省地方史志编纂委员会编：《山东省志·孔子故里志》，北京：中华书局，1994年第1版。

［5］郭克煜等：《鲁国史》，北京：人民出版社，1994年第1版。

［6］［乾隆］曲阜县志，（清）潘相等撰修，圣化堂藏清刻本。

［7］骆承烈汇编：《石头上的儒家文献——曲阜碑文录》，济南：齐鲁书社，2001年第1版。

［8］杨朝明：《鲁文化史》，济南：齐鲁书社，2001年第1版。

［9］杨朝明：《周公事迹研究》，郑州：中州古籍出版社，2002年第1版。

［10］杨朝明、王青：《鲁国历史与文化》，北京：文物出版社，2009年第1版。

［11］孔德平、彭庆涛主编：《游读曲阜》，济南：泰山出版社，2014 年第 2 版。

［12］周海涛主编：《洛阳周公庙》，郑州：中州古籍出版社，2014 年 9 月第 1 版。

［13］杨朝明主编：《曲阜儒家碑刻文献辑录》（第 2 辑），济南：齐鲁书社，2015 年第 1 版。

后 记

周公与曲阜历史渊源深厚：鲁国是周公的封国，周公于鲁为始祖，祭祀他的庙宇周公庙最早被称为"鲁太庙"。为了更好地传承中华民族传统文化，弘扬中华民族传统美德，发挥曲阜周公庙的社会教育功能，曲阜市文物局资料研究室编写了这本《走进曲阜周公庙》。

《走进曲阜周公庙》主要分周公庙建筑、元圣周公、周公庙祭祀、周公庙碑文选读四大板块，多角度、多层次地对周公思想文化魅力及周公庙深厚的历史文化内涵进行了介绍，希望对读者了解、认识曲阜周公庙提供一定的帮助。

本书撰写过程中，得到了曲阜市委、市政府有关领导的具体关怀和指导；在征求意见过程中，各级领导、各有关单位以及部分专家学者提出了很好的意见和建议；资料收集过程中，河南洛阳周公庙、陕西岐山周公庙、曲阜周公思想研究会和曲阜市文物局相关科室提供了大量资料；在编辑出版过程中，国家图书馆出版社给予极大的支持和帮助，在此一并表示崇高的敬意和谢忱！

由于资料所限，加之水平有限，本书恐有谬误及不妥之处，敬请方家读者批评、指正，在此谨表谢意。

编 者
2018 年 8 月